# やりたいことは「副業」で実現しなさい

下釜 創

ダイヤモンド社

# はじめに

## 「あなたのなかにすでにあるスキル、眠っているスキルを活かした副業」を目指そう

将来への漠然とした不安がある、収入を少しでも増やしたい、本業以外で自分が活躍できる場所を探してみたい……。

動機は実にさまざまですが、現在日本では副業に興味を持ったり、実際に副業を始めたりする人が増えています。

働き方改革やコロナ禍などの影響もあり、副業解禁に踏み切る企業が増えたことも、副業に対する追い風となっています。

一方、副業に興味があるのにどうやって始めたらいいのかわからない、あるいは副業を見切りスタートしたもののうまくいかないといった悩みを抱える人も増えてい

ます。

本書では、そうした〝副業を目指す人〟に向けて、**一生後悔しない副業の始め方、選び方、続け方**を丁寧に伝えたいと思っています。また、実際に副業でうまくいった人たちのリアルなストーリーもたくさんご紹介していきたいと思います。


ここで、自己紹介をさせてください。

私は、「副業家」育成コーチの下釜創（しもがま・そう）です。

大学卒業後、大手企業でネット広告のコンサルティングや新規事業開発などを手がける傍《かたわ》ら、副業としてコーチング・スクール運営を開始。週末２日間の副業のみで、年間売り上げ８２６万円を達成しました。

その後、独立・起業を果たし、副業・起業スクールを運営しており、これまで３０００人以上の副業家を支援しています。

そこで培《つちか》ったエッセンスをギュッと凝縮したのが、本書です。


ネットで副業について調べようとすると、まず引っかかるのが、次のようなものです。

- ネットワークビジネス
- FXや仮想通貨などへの投資
- UberEatsのような宅配・配送業
- ユーチューバー
- アフィリエイト

手軽に始められる副業として、こうしたものを考えている人は少なくないでしょう。

しかし、私が提案している副業は、そのどれでもありません。

なぜなら、これらはいずれもお金や収入を得ることのみが目的であり、それでは副業として長続きしないとわかっているからです。

仮に、副業に興味を持つきっかけが、将来への金銭的な不安や現在の収入に対する不満だったとしても、その先もずっとお金や収入のみが目的では副業は続かないのです。

私が提案しているのは、**お金や収入が得られるだけではなく、心のど真ん中が満たされる、本当にやりたいことを、やりがいを感じながら続けられる副業**です。これは、**世間で言われるような表面的なやりがいではなく、心の奥底から満足できるくらい深いやりがいを得られる副業**です。

**お金・収入×深いやりがい＝長く続けられる副業の理想形**なのです。

副業がトレンドになっている背景には、学校を卒業してそれなりに苦労して入った会社でやっている本業では、自己実現が果たしにくいという事情もあります。

つまり、本業ではやりたいことがなく、やりがいも感じられないからこそ、副業でそれを叶えたいという人が大勢出てきているのです。

そこで、本業と副業の違いを明らかにするために、次のような4つのマトリックスで説明してみたいと思います。

縦軸には「やりたい」かどうかを取り、横軸には「収益性」を取ります。

収益性とは、端的にお金になるかどうかです。

縦軸では、上にいくほど「やりたい」という度合いが高まり、横軸では右側へいくほど「収益性」が高まるとします。

結論から言うと、下段のCとDの2つは副業向きではありません。

まず、副業で絶対選んではいけないのは、左下のDです。

Dはやりたいことでもなく、収益にもつながらないことです。この選択は、副業に興味がなくても、誰でも納得してもらえると思います。

ではお隣、右下のCはどうでしょうか。

［本業と副業の違いを示す4つのマトリックス］

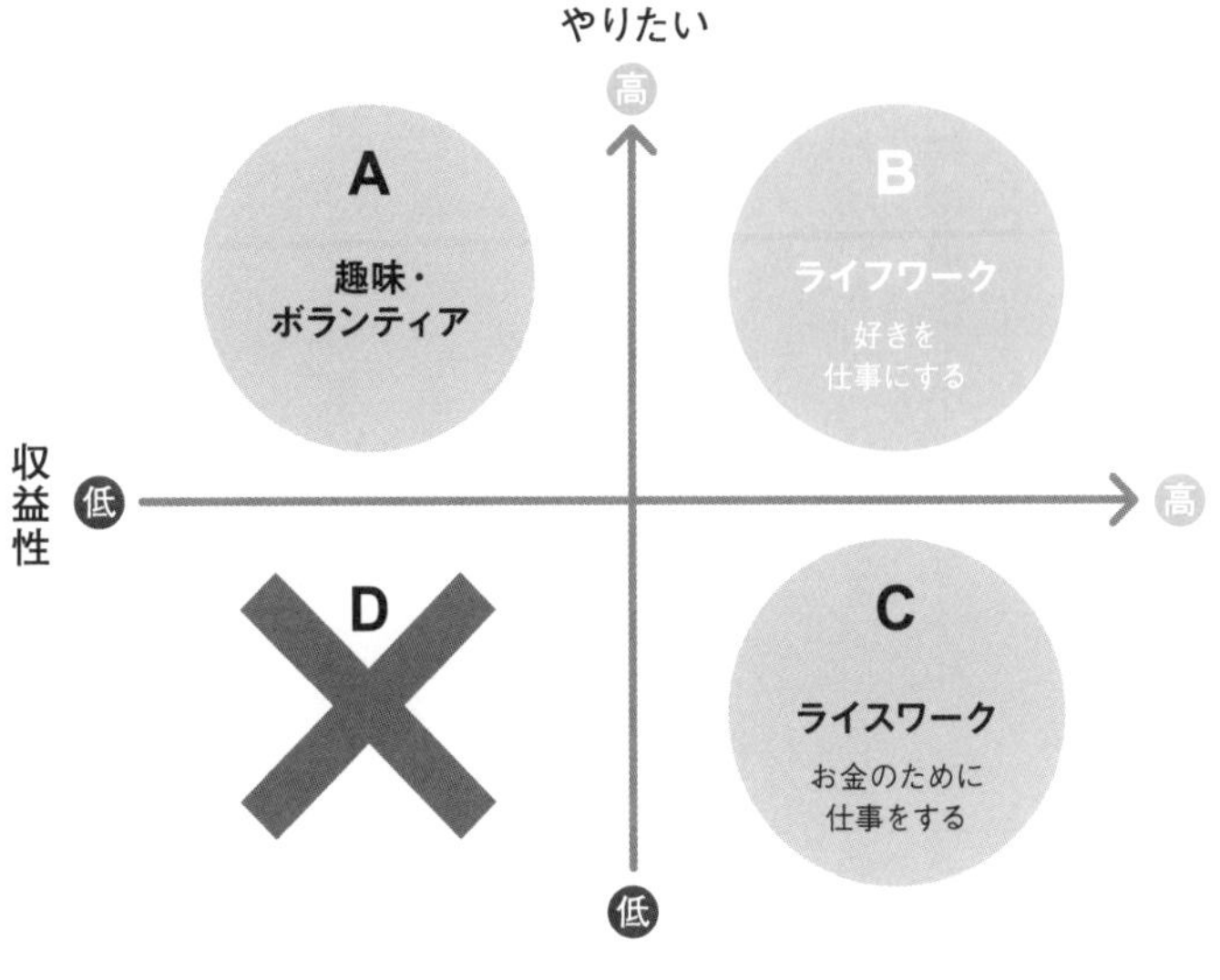

これは、やりたいことではありませんが、**収益性が高く、お金になる仕事**です。これを俗に**「ライスワーク」**といいます。ライス、つまり食い扶持《ぶち》を得るために行う仕事という意味です。

多くの人は、仕事は自己実現の手段の一つだと考えているでしょう。それは間違いではないのですが、本業にそれを求めるのは実はお門違い《かどちがい》（理由は第1章で詳説します）。本業はお金のためにするライスワークでいいのです。

このマトリックスで、右上のBはやりたいことであり、収益性も期待できるもの。それが本書で推奨《すいしょう》している副業です。

これこそが**「ライフワーク」**。**一生を通じて続けたい仕事**です。**自己実現は、本業ではなく副業で叶えるのが正解**なのです。

では、その隣、左上のAはどうでしょうか。これはやりたいことですが、収益性は期待できないもの。お金にはなりませんから、無料の趣味・ボランティアとして行うことは推奨できます。

会社が副業を許容していない場合、左上のAの領域で行うしかありません。でも、その体験が将来の独立・起業につながることも少なくないのです。

本書では、このうちマトリックスのBを中心に語りたいと思います。

ここで私がお薦《すす》めしたい副業スタイルはズバリ、**「スキルエンサー副業」**です。

「スキルエンサー副業って何？　インフルエンサーなら聞いたことがあるけど？」

「自分にはスキルと呼べるものなんてないけど？」

そんな疑問も出てくるでしょうが、心配する必要はありません。

**スキルエンサー副業とは、あなたのなかにすでにあるスキル、眠っているスキルを活かした副業**。誰にでも始められる副業なのです。

たとえば、パソコンの表計算ソフトが使えない人には、仕事で表計算ソフトを楽々使いこなせているだけで十分なスキル。趣味で動画投稿サイトに毎日のようにオリジナルのコンテンツを投稿している人も、未経験者から見ると立派なスキルを持っています。

こうしたスキルが、**副業のタネ**になるのです。

加えて**スキルエンサー副業には、初期費用や固定費がかからず、特別な資格も不要。リスクゼロで誰でもすぐに始められるという特徴**があります。

それ以上の具体的な内容については、本編で詳しく語っていきたいと思っています。
収入面から見ると、副業には次の5つのステージがあります。

副業
5つの
ステージ

❶ ゼロイチ（無料から最初の報酬を得るまで）
❷ 月収5万円（お小遣いステージ）
❸ 月収10万円（副業ステージ）
❹ 月収30万円（本業ステージ）
❺ 月収100万円（独立・起業ステージ）

まずは無料でサービス提供。ここで場数を踏み、スキルを磨きます。

そこから有料化を果たして**月収5万円のお小遣いステージ**になれば、日々の生活にちょっとしたゆとりと潤いがプラスされます。

**月収10万円の副業ステージ**になると、人生の可能性はもっと広がります。その先には**月収30万円の本業ステージ、月収100万円の独立・起業ステージ**が待っているのです。


本書の構成についてカンタンに触れておきましょう。

第1章から第3章までは、副業に対する偏見や誤解を解き、人生にプラスな影響しか与えない、失敗しない副業の選び方を語ります。

第4章ではいよいよ、私が推奨するスキルエンサー副業の最強ぶりを解説。

副業に関する書籍は多く出版されていますが、続く第5章はそうした類書にない本書独自の視点。**副業を始めるうえで目に見えない障害となっているメンタル面をどう整えるか**を優しく指南します。

そして第6章では、**副業に関する知識も経験もゼロの会社員でも、最適の副業を探**

**して実践するための8つのステップ**について説明します。

繰り返しになりますが、私が薦める副業に特別なスキルや才能は不要です。資格もいりません。副業開始を阻むマインドセットさえ変えてやれば、いまのあなたのままで副業はスタートさせられるのです。

本書をきっかけに、少しでも多くの人たちが自らの隠れた可能性に気づき、副業を通じて自己実現を果たし、人生を豊かにするチャンスを広げてほしい。それが、著者の切なる願いです。

2023年夏

下釜　創

目次

## 第2章 人生の見えない先行きを副業が照らします

## 第3章 失敗しない**副業の選び方**があります

## 第4章 スキルエンサー副業が最強です

## 第5章 副業を成功へ導く メンタルの整え方を知りましょう

## 第6章 副業収入を得るための8つのステップ

# 第1章

# 「やりたいこと」は副業で実現しましょう

## 本業で「やりたいこと」を叶えるのが難しい4つの理由

会社で本業を持っている会社員のなかには、副業は副収入を得るための腰掛け的な仕事と捉える人も多いようです。けれど、「はじめに」で触れたように、自分のやりたいこと&自己実現は副業でこそ叶えるべき。

なぜなら、本業でやりたいことを実現するのは、難しいからです。

本業でやりたいことを叶えるのが困難な理由は、大きく4つあります。

### 本業でやりたいことが叶えられない4つの理由

❶ 就職活動の際、自分は何がやりたいのか、何にやりがいを感じるかが、しっかりと自己分析できていない

❷やりがいをベースに就職活動をしているわけではない
❸企業は、働く人のやりがいを実現するために、存在しているわけではない
❹そもそもやりたいことを見つけるのは難しい

以上の4つについて、順番に解説していきましょう。

## ❶就職活動の際、自分は何がやりたいのか、何にやりがいを感じるかが、しっかりと自己分析できていない

多くの日本企業では、卒業予定の学生たちを対象に、在学中に採用試験を行い、パスした学生が卒業すると同時に勤務させる「新卒一括採用」が主流となっています。日本に生まれ育っていると、それが当たり前だと思い込んでしまいそうですが、これは世界に類がない日本独自の雇用慣行です。

新卒一括採用では、社会人としての経験が未熟なうちに（というか大半はほとんどゼロに近いうちに）、多くの選択肢から働き先を定め、試験をパスして入社するのですから、働くやりがいについて自己分析する時間的な余裕はありません。自己分析よ

り、企業分析により多くの時間を割くのが、就活生の常なのです。

私は大学在学中から、就活生を支援する団体に関わり、学生を対象に就活に関するセミナーや研修といった活動を展開していました。

ですから、自分自身は、卒業したら何をやりたいのか、自分の働くやりがいはどこにあるのかを、真剣に考えて就活したという自負があります。

でも、他の学生たちの就活を身近で支援してみて、私のようなタイプは少数派だという印象を強く持ちました。

その活動の一環として、大手総合商社に勤務して2年目の先輩にインタビューした際、印象的な出来事がありました。

就活の面接時には、面接官から志望動機や10年後のビジョンといった定型的な質問が出されます。そこで私は、商社マン2年目の彼に「面接時、志望動機やビジョンに関する質問には、どのように答えたのですか？」と尋ねてみました。

すると、彼は首を傾げて少し考えてから、「何て答えたっけなぁ〜。忘れちゃった！」と照れた笑顔で打ち明けてくれたのです。

その答えを聞いたとき、「まだ2年前のことなのに、もう忘れたということは、ちゃんと考えて本気で答えていなかったんだ」と私は感じました。

これは、商社マン2年目の先輩だけではないでしょう。

就活面接対策のスキルの一つとして、自らの真の思いとは関わりなく、**面接官の〝受け〟がいいと思われる志望動機やビジョンを語っている就活生が、おそらく多数派**だと私は思っています。

それは、新卒一括採用という日本独特の慣行に対する、現実的な対策の一つ。非難するのは簡単ですが、実際はそこまで深く考える余裕もなければ、経験もないというのが本音ではないでしょうか。

## ❷やりがいをベースに就職活動をしているわけではない

「本業」で働くやりがいが実現しにくい2番目の理由は、学生側もやりがいをベースに就職活動をしているわけではないからです。

こんな興味深い調査結果があります。

16歳から29歳までの男女1万人を対象として内閣府が行った調査で、仕事をする目的について尋ねています（2つまで回答可能）。

その結果、1位を占めたのは、「収入を得るため」。84・6％を占めていました。それに続く2位になったのは、「仕事を通して達成感や生きがいを得るため」で15・8％、3位は「自分の能力を発揮するため」で15・7％となっていました（出典：2017年度『子供・若者の意識に関する調査』）。

重ねてこの調査では、仕事を選択する際に重視する観点も尋ねています。

その結果、「安定していて長く続けられること」を「とても重要」と答えた人が50・0％、「収入が多いこと」を「とても重要」と答えた人が46・0％だったのに対して、「自分のやりたいことができること」を「とても重要」と答えた人の割合は42・3％となっています。

本業には、生きていくために必要な主たる収入源という意味もあります。そして若者には、本業＝収入を得る手段と割り切っている現実主義者が少なくないようです。

その現実主義は、間違っていないと私は思います。

それは次の❸の内容に関係しています。

## ❸ 企業は、働く人のやりがいを実現するために、存在しているわけではない

働く側の大半もやりがいを強く求めていませんが、企業側も働く人たちのやりがいを実現するために活動しているわけではありません。

企業が存続し続けるには、何よりも利益を上げることが求められます。

利益追求至上主義は褒《ほ》められたものではないとしても、利益を出せずに赤字のままでは、企業は倒産する他ないでしょう。そして、働く人のやりがいの実現が、必ずしも企業の利益につながるとは限らないのです。

現在では、近視眼的な利潤追求至上主義に対して、社会や投資家が以前よりも厳しい目を向けるようになっており、環境や社会やガバナンス（健全な企業経営を目指す、企業自体による管理体制）を重視した「ＥＳＧ経営」が求められるようになっています。

ＥＳＧ経営では、働く人一人ひとりのやりがいにも十分な配慮が求められます。

私が大学から新卒で入った「株式会社ＬＩＦＵＬＬ」という企業は、働く人のやりがいにも配慮するビジョンと企業風土がありました。

でも、そうした企業は日本ではまだまだ少数派であり、多くの日本企業ではＥＳＧ

経営をうたっているとしても、実態を伴っていないのが現状でしょう。

やりがいを求めて、理想を掲げて就職すると、あとで思わぬ軋轢《あつれき》に悩まされることも考えられます。その点については後述します。

## ❹そもそもやりたいことを見つけるのは難しい

❶では就活でやりたいことを見つける分析ができていないという点を指摘しましたが、仮に分析をしようとしても、自分のやりたいことを見出すのが難しいという別の問題もあります。

日本型の年功序列と終身雇用が保証されていた高度経済成長期には、いわゆる〝いい大学〟を出て大手上場企業に入り、転職など考えもせず、同じ会社で脇目も振らずに会社員として定年まで勤め上げるのが、ある種の勝ち組とされてきました。

他人と同じでいい&同じがいいという同調圧力が強い日本では、その価値観に逆らうのは難しかったでしょう。

その時代には、やりがいを見つけるという難しい作業をしなくても、勝ち組に入る努力を重ねて、〝いい大学〟から大手企業へ敷かれた見えないレールを黙って進んでいれば、他人と同じレベルの幸せは手に入ったのかもしれません。

ところが、年功序列も終身雇用もとっくの昔に崩壊してしまい、一人ひとりの価値観が多様化して選択肢も多くなってくると、働き方の自由度が高まり、同調圧力に負けて他人と同じ働き方をする必要はなくなりました。

何をしてもいいと言われると、途端に何をしたらいいのかがわからなくなるもの。ですから、本業でやりたいことを見つけるのは難しいのです。

## やりたいことを本業で追求するのは、リスクを伴います

ここまで、本業でやりがいを満たすのが難しい理由を探ってきました。

その高いハードルを頑張って乗り越え、強引に本業でやりがいを追求しようとすると、少なからぬリスクを伴います。

理由❸で述べたように、企業は利潤の追求がおもな目的であり、働く人のやりがいのために存在しているわけではありません。

そんな組織の風土に反発して、自らのやりがいを一方的に求めたとしても、おそらく容易に得られることはないでしょう。

利潤を追求したい組織でやりがいを求めるのは、いわば筋違い。その無理筋を通そうとすると、自分の心のなかに悶々《もんもん》とした不満とストレスが生じます。

それが度重なると、不満とストレスが膨れる一方となり、口を開けば会社や上司の

悪口ばかりが出るようになり、働くモチベーションを下げてしまう恐れがあるのです。

　不満をつねに胸に秘め、組織に対してストレスを感じている働き手は、上司や同僚からすると傍迷惑《はためいわく》で扱いにくい存在になりがち。

　腫《は》れ物扱いされてしまうと、周囲とのコミュニケーションが乏しくなり、日常の業務をこなすのにも支障が出てくるでしょう。

　組織内で孤立して、日々の業務もうまく回らなくなると、さらに不満とストレスが募るという悪循環に陥ってしまい、最終的には離職という厳しい選択を迫られるケースも考えられます。

　新卒で入社した大卒者の32・８％、つまり３人に１人は入社３年以内に会社を辞めているというデータがあります（出典：厚生労働省『新規就学就職者の離職状況（平成29年３月卒業者の状況）』）。

　本業にやりがいを求める若者の割合は高くはないとはいえ、せっかく入った会社を３年以内に辞めている事例には、やりがいを求めすぎた挙げ句、利潤の追求が目的である組織との間に、何らかの軋轢が生じたことが離職の引き金となってしまったケースも考えられるでしょう。

これは、採用に多大なコストをかけている企業側にとっても、やる気のある働き手にとっても不幸な結末に他なりません。企業は、昨今の人手不足という逆風のなかで、早急に新たな人材を採る必要に迫られますし、働き手は次の職を得ないとたちまち生活が苦しくなることだって考えられます。


一方、本業にやりがいばかりを求めすぎると、**「やりがい搾取《さくしゅ》」**の罠《わな》にハマる恐れもありますから要注意です。

やりがい搾取とは、東京大学大学院教授で教育社会学者の本田由紀さんが名付けたもの。経営者や企業が、支払うべき正当な対価（賃金、時間外手当など）の代わりに、働き手にやりがいをことさら意識させて、**「この仕事は報酬の多寡《たか》では測れない、やりがいのある仕事だ」という洗脳により、不当に長時間労働を強いるもの**を言います。長時間労働の結果、賃金が最低賃金を下回ったり、有給休暇を取得しにくくなったりします。

やりがい搾取はいわゆるブラック企業で横行している悪習として、２０００年代に入ってから社会問題化しています。

とくに、立場が弱い非正規雇用者が多く働いている業界では、やりがい搾取が横行する傾向が見受けられます。

## 副業で、人生という「円」を大きくしていきましょう

私は、人生を次のような円で表現しています。

**円の大きさは、その人の人生の幸福度**を表しています。小さな円よりも、大きな円の方が人生の幸福感が高いのです。

円の中身は、大きく分けると、**仕事（本業）とプライベート（私生活）**があります。

人生では、仕事もプライベートも大切

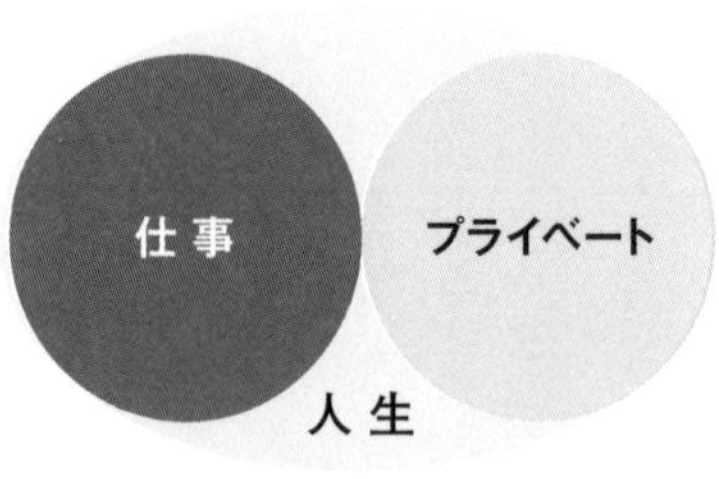

です。

仕事で安定的な収入が得られたら、プライベートが豊かになります。また、仕事で得られた達成感もプライベートの充実につながります。

そしてプライベートが豊かで満たされていれば、ストレスが減り、元気がチャージされて仕事へ向き合うモチベーションも一層高まるでしょう。

このように、仕事とプライベートがガッチリうまく嚙《か》み合う好循環が生まれたら、「人生の円」はどんどん大きくなり、人生の幸福度も増していくことでしょう。

仕事とプライベートが嚙み合わないと、「人生の円」も大きくなってはいきません。私生活を犠牲にして仕事一辺倒になるのは論外。そうでなくても、仕事が満足にこなせなかったら、プライベートの充足は難しいでしょう。そしてプライベートが満たされなかったら、仕事にも身が入らなくなります。

どちらのケースでも、「人生の円」は小さくなるばかりであり、うまく回ることもできなくなります。

ここまでは仕事＝本業でしたが、「人生の円」に副業がプラスされると、一体どのようになるのでしょうか。

**副業が加わることで人生のキャパシティは広がり、「人生の円」をその分だけ大きくできる可能性が出てきます。**

後ほど触れるように、**副業を始めると、本業がより充実するシナジー効果があります。**

やりたいことが副業でできるようになると、ストレスが減り、精神的に満たされるようになります。それはプライベートにもプラスになるでしょう。

始めた副業がしばらくして見事軌道《きどう》に乗り、お小遣いステージ（月収5万円）→副業ステージ（月収10万円）と利益が出るようになってくると、プライベートがより満たされるようになります。

［副業が加わった「人生の円」］

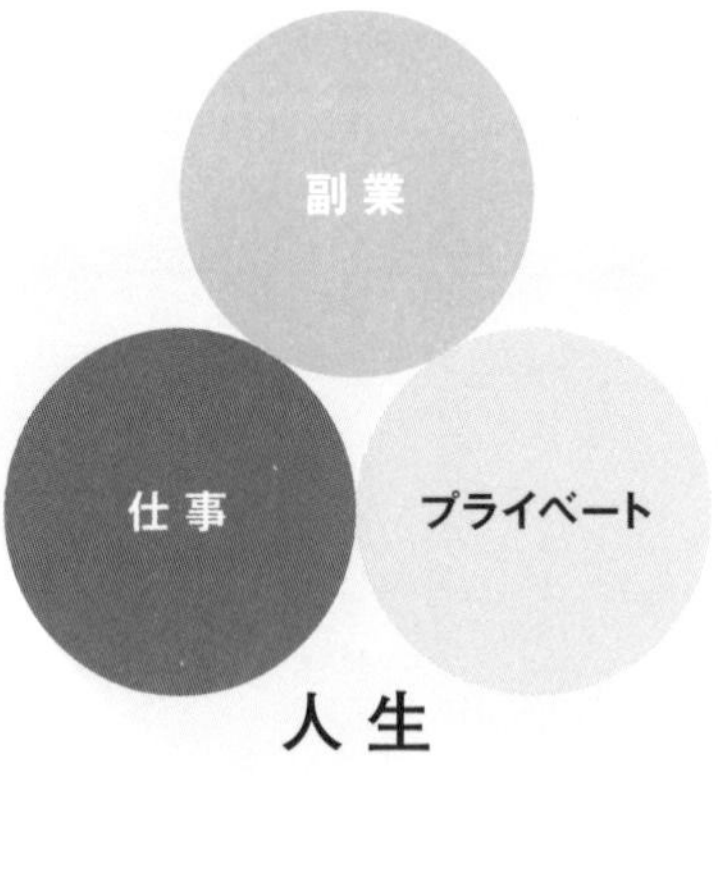

たとえば、趣味に使える自由なお金が増えたり、家族で外食したり旅行したりする機会が増えたり、子どもたちの教育費によりお金がかけられたりするでしょう。

また、**副業を続けていると、本業でもプライベートでも得られない、新しいコミュニティに参加できるようになります。**会社や地域社会などとはひと味もふた味も違う、**副業を介した人脈が広がっていく**のです。

狭くて固定化したコミュニティに長年閉じこめられていると、息が詰まり、ストレス解消も容易ではありません。

ですが、副業を通したコミュニティの広がりは、自らの新たな価値の発見につながると同時に、**職場でも家庭でもない3つ目の心地の良い「居場所」**となり、ストレスの軽減にも貢献してくれるに違いありません。

副業がフィットして、**仕事（主たる収入を稼ぐ本業）＋プライベート（私生活）＋副業（やりたいこと）という3つの要素**が、きちんと嚙み合うようになると、円の中身が仕事＋プライベートのみだった頃と比べると、格段にスムーズに回るようになります。その結果、人生の幸福度がアップしてくるのです。

## 会社・本業ファーストから、自分・副業ファーストへのパラダイムシフト

人生を円で考えると、本業もプライベートも副業も、あくまで対等な立場。

ところが、長年にわたり、仕事（本業）を人生の中心に置いており、副業にも取り組んでいないと、発想が会社・本業ファーストになりがち。その点は要注意です。

人生を俯瞰《ふかん》してみると、本業は人生のなかの一つのピースにすぎません。趣味の時間、友人や家族と過ごす時間、家事や子育てといったプライベートも、本業と同じくらい大切なピースです。

本業が忙しすぎると、この至極《しごく》当たり前の事実を忘れてしまいます。

本業で成果を出して出世できたとしても、好きな趣味に打ち込む時間がなくなったり、家族とすごす時間が減ったりしたら、幸せとは言えないでしょう。

家庭をまったく顧《かえり》みなくなった挙げ句、配偶者から離婚を迫られたりしたら、人生

の幸せ度は急降下します。

そればかりか、懸命に働きすぎて緊張の連続で息をつく暇もなく、メンタルをやられてうつっぽくなったり、過労死したりしたら一大事。

そうなる前に立ち止まり、本業とプライベートの配分、いわゆる**「ワーク・ライフ・バランス」**を見直す必要があるのです。

昭和の高度経済成長期に、企業戦士、会社人間という言葉が生まれた日本では、人生において本業に重きを置くタイプが少なくありませんでした。むしろ、そうした生き方を称賛する文化すらあったようです。

いまでは時代はすっかり移り変わり、少なくとも若い世代では、本業よりプライベートを重視する人が増えてきています。

第1章で引用した男女1万人の内閣府の調査では、「仕事中心なので、家庭よりも仕事を優先する」と答えた人の割合は、平成23年度（このときの対象者は3000人）は17・1％だったのに、平成29年度の調査では「仕事・プライベート（私生活）よりも仕事を優先する」と答えた人の割合は12・7％と4ポイント以上減っています

（この調査における仕事＝本業と考えられます）。

逆に「生活中心なので、仕事よりも家庭を優先する」と答えた人の割合は、平成23年度が52・9％だったのに、平成29年度では「仕事よりも家庭・プライベート（私生活）を優先する」と答えた人の割合は63・7％と10ポイント以上も増えています。

このように日本人の仕事への向き合い方は徐々に変わり、ワーク・ライフ・バランスは確実に変化してきているようです。それでも若い世代のおよそ8人に1人は、いまでも家庭よりも本業を優先すると答えているのは、ちょっとした驚きですね。

会社・本業ファーストになってしまう理由は、大きく3つあります。

1つ目は、平日は会社で過ごしている時間、会社の仕事をしている時間が圧倒的に長いから。コロナ禍《か》で出社時間は減ったとはいえ、リモートワークも含めると会社の仕事をしている時間の長さはさほど変わらないでしょう。

2つ目は、責任感の強さ。日本人には、生真面目で与えられた仕事は最後まできちんとやり遂げたいという責任感が強いタイプが多く、おかげでプライベートが犠牲になる場面も少なくないのです。

３つ目は、帰属意識の高さ。伝統的に、個人より集団や組織を重視する傾向が強い日本では、会社という組織に属していることを重視しがちなのです。

企業側としては、働く人が、会社・本業ファーストになってくれたら、願ったり叶ったりでしょう。その挙げ句に、見返りのないサービス残業を強いたり、やりがい搾取をしたりするブラック企業は後を絶ちません。

改めて言うまでもなく、かけがえのない一人ひとりの人生の主人公は、他ならぬ自分自身。**会社・本業ファーストではなく、自分ファースト**であるべきです。

そんなふうに頭を切り替えられたら、本業のみに頼るのではなく、自分のこれからの人生を切り開いていくために、やりがいを満たして自己実現ができる副業にも本気で取り組もうという考え方ができるようになります。

副業でやりたいことが実現できるとしたら、自分ファースト＝副業ファーストとなるケースも考えられます。本業＝主、副業＝客の〝主客〟が転倒するくらいで、ちょうどいいのではないでしょうか。

副業実例 1

## 感謝の言葉を励みに「沼」を脱して副業が軌道に乗りました

寺川さん（36歳、男性）

本業：システムエンジニア　副業：動画撮影・編集
月収：平均４万〜５万円、最高17万５０００円

小さい頃からスチールカメラやビデオカメラで撮影したり、録画したテレビ番組からCMをカットして編集したりするのが好きだったという寺川さん。趣味として磨いたスキルを副業に活かすことを思い立ちます。

仕事やプライベートで会う友人や知人たちに、「動画の撮影と編集、実は得意です！」と片っ端から声をかけるところからスタート。

**イベントやセミナー、交流会などの様子を動画で撮影。不要部分をカットし、**

**効果音やテロップを入れて仕上げるのが、寺川さんのスキルエンサー副業**です。

有料化するには、経験値の十分な積み重ねが欠かせないと考えた寺川さんは、**「無料で50件やってから、有料化に踏み切ろう」**と心に決めたそうです。

(数値目標を立てるのは悪くはありませんが、「50件やってから」というのは、有料化にかなり慎重なタイプと言えるでしょう。**手応えさえあれば、5件目でも、10件目でも有料化することを躊躇《ためら》わないでください**)

寺川さんは当初の目標通り、50件をクリアした段階で、1案件3000円と相場よりもやや低めの価格設定で有料化。

「本業で得る給料以外に、副業でお金が稼げるようになり、経済的な余裕だけではなく、精神的なゆとりができました」と寺川さんは振り返ります。

寺川さんにも葛藤《かっとう》がなかったわけではありません。

副業を始める前は「こんな趣味に毛が生えた程度のスキルを、果たして副業にしていいのか」という悩みがあり、有料化してからは「お金に見合う価値が提供できているのか」という心配もあったそうです。

でも、これまで再三指摘しているように、スキルエンサー副業では、スキルギャップが価値となりますから、こうした悩みや不安の「沼」にハマる必要はありません。

**寺川さんが「沼」から抜け出せたのは、彼のサービスを体験してくれたお客さんからの感謝の言葉**だったとか。

本業のシステムエンジニアでは、顧客から直接感謝されることはありませんが、副業で「仕上がりバッチリ。てらちゃんに頼んで本当によかった。ありがとう！」と面と向かって感謝されると、心の底から嬉しくなり、大きなやりがいを感じたとか。

ことに有料化以降は、「お金を頂戴しているうえに、こんなに直に感謝されるなんて、副業って何て素晴らしいんだろう」と大感激。

それから、「クライアントからもっと喜んでもらえるように成長したい！」とより真剣に向き合うようになり、スキルもみるみる向上。それにより、顧客層が広がるという好循環になり、単価も徐々に上げられるようになりました。

副業を介して着実に顧客の役に立てていることを肌で実感し、自分もやればできるんだという自己肯定感にもつながり、**「副業に時間を割いているはずなのに、エネルギーが湧いてきて心身ともに元気になり、副業も本業も両方楽しめるようになった」**そうです。

その後、寺川さんは動画撮影・編集の副業を通じて広がった人脈を活かしながら、**タスクマネジメントに関するコンサルタント、スクールビジネスの業務サポートなどと活躍の場を広げて、**現在では独立・起業を果たしています。

# 第2章

# 人生の見えない先行きを
# **副業が照らします**

## 副業を始めると、本業のパフォーマンスが上がります

副業未経験者には、「副業を始めると心身に余裕がなくなり、会社での本業のパフォーマンスが落ちるのではないか」という不安を口にする人もいます。

でも、それは杞憂《きゆう》。むしろ、**会社員が副業を始めると、本業もうまく回るようになるのです。本業で壁にぶつかっているタイプは、副業が停滞を打破する突破口になる可能性すらあります。**

副業が本業に与えるメリットには、次の3つがあります。

❶ メンタル面でのメリット
❷ タイムマネジメント面でのメリット
❸ 人脈面でのメリット

## ❶メンタル面でのメリット

後述するように、日本経済の先行きは安心していられる状況ではありません。

そうした現状に不安やストレスを感じていると、うわの空になって本業に没頭できなくなり、ケアレスミスが増えてきますし、仕事に向き合うモチベーションも下がります。

**「自分には本業以外に副業もあるから」という安心感があると、将来に対する漠然とした不安やストレスから解放されるようになり、心にゆとりが生まれます。**

それにより、本業にはこれまで以上に心置きなく打ち込めるようになります。ケアレスミスだって減ってくることでしょう。

会社員としてのパフォーマンスが上がり、組織のなかでの評価が高まると、企業の業績が悪くなっても容易にリストラされず、次なる成長を担い、組織の屋台骨を支えるコア人材として地位が保証されることだって考えられます。

こうして副業が本業を助けてくれるのです。

## ❷タイムマネジメント面でのメリット

未経験者の多くは、「本業だけでも忙しくて手一杯なのに、副業なんてする時間の余裕はない！」と言いますが、いざ始めてみると、**本業&副業のダブルワークも余裕でこなせるようになります**。

その理由は、**タイムマネジメントが上手になるから**。

日本の労働生産性は先進国で最低レベルですが、その要因の一つは労働時間が長いことにあります。働き方改革を進めている真っ最中とはいえ、まだまだ諸外国と比べると労働時間は長いままなのです。

言い方は悪いですが、ダラダラと働くことが習慣になっている会社員は少なくないのです。

「人生という円」に副業という要素がプラスされると、用もないのにオフィスにダラダラと長居をするのは無駄。**1日24時間という限られた時間を有効活用し、副業に充てる時間を捻出しようとします。そのプロセスでタイムマネジメントが上手になる**のです。まさに「必要は発明の母」です。

タイムマネジメントが上手になると、本業もテキパキと効率的にこなせるようになり、上司や組織からの高評価にもつながるでしょう。

### ❸人脈面でのメリット

**副業を始めると、本業では出会えないような分野の人と知り合えるようになり、人脈が一気に広がります。**

そうした新たなネットワークを介して得られた知見の数々は、本業にもフィードバックされます。**また、異なる人脈ネットワークとの交流で培われるコミュニケーション能力や人間力は、本業にも大いに活かせるはず**です。

## ＡＩ時代だからこそ、自分らしい価値を副業で見つけてください

文章や画像などを自動的に作り出す生成ＡＩ（人工知能）である「チャットＧＰＴ」が大きな話題となっています。科学論文に活用する事例も出てきており、文部科学省でも教育現場におけるチャットＧＰＴの取り扱いを示すガイドラインの検討を始めているようです。

チャットＧＰＴの登場を契機として、世界各国で生成ＡＩを規制しようという動きも活発化しています。２０２３年5月のＧ7広島サミットでも、生成ＡＩのあり方をめぐる国際的なルール作りが議題となりました。

それでもＡＩの進化の流れは止められないでしょう。

従来、**ＡＩが人類の知能を超える転換点（技術的特異点）を境として、私たちの生活が大きく変わる「シンギュラリティ（技術的特異点）」**の到来は２０４５年頃にな

ると予想されていました。しかし、近年のＡＩの指数関数的な急速な発展により、シンギュラリティは２０２９年頃へと前倒しになるという予測も出てきています。

シンギュラリティがいつになるかはわかりませんが、これまで**人間が担ってきた仕事の一部は確実に、進化したＡＩとロボット（自動化）の組み合わせに置き換わる**でしょう。

野村総合研究所が英国のオックスフォード大学との共同研究で、「２０２５～35年前後には、日本の労働人口の49％の仕事が、技術的にはＡＩやロボットなどで代替可能になる」という衝撃的な予測を発表したのは、２０１５年のこと。この予測は、案外当たっているのかもしれません。そして**本格的なＡＩ時代が到来すると、副業の重要性はますます高まる**と私は考えています。

どんな仕事がＡＩやロボットに置き換わるのか。それはシンプルに言うなら、他の誰にでもできるような仕事です。

あなたの本業が、他の誰にでもできるようなものなら、将来的にはＡＩやロボットに置き換わる可能性があります。本業のみの1本足打法だと、ＡＩやロボットに職を奪われて、失業することだって考えられるのです。

副業はこうしたリスクに備える保険でもあります。

加えて**副業の大きな意義は、自らの持ち味を磨いて、自分にしかできない価値提供のスキルと経験が磨ける点**にあります。

繰り返し触れているように、本業で自己実現を果たすのは難しいもの。だからこそ、副業を通して他人では代替できない、あなたにしかできないことを見つけてほしいのです。本業と並行して副業にも取り組み、自らの持ち味、価値を高めていれば、それはAIやロボットに決して置き換えることのできない、あなたの強みになります。

自分が自分らしく輝ける副業という強みがあれば、それを本業にしたり、独立・起業を叶えたりすることで、今後のAI時代を力強く生き抜いていけるに違いありません。

## 副業か、転職か？
## そこはどちらもアリでしょ！

終身雇用が絶対視されていた時代には、転職にネガティブなイメージを持つタイプが多数派を占めていました。

でも、時代は大きく転換し、若い世代では転職を否定的に捉える人の方がむしろ少数派になっています。

第1章で触れた男女1万人を対象とした内閣府による調査でも、転職を否定的に捉える人は全体の17・3％に留まっています。

それに対して、自分の能力や適性に合わない職場なら、「転職することもやむを得ない」もしくは「転職する方がいい」と回答した人は合計62・1％。およそ3人に2人に上っています。一歩進み、自分の能力や適性に合わない職場なら、「積極的に転職するべきである」という転職絶対肯定派も10％に上っています。

つまり、若い世代では、70％以上は転職に前向きなのです。

転職先進国のアメリカでは、雇用者は平均すると生涯で10回の転職を繰り返しており、1社あたりの平均勤続年数はおよそ4年といわれています。

日本では平均勤続年数は現在12年ほどですが、将来的にはアメリカ並みに近づく可能性もゼロではないでしょう。

ここで問題なのは、**いまの職場に不満やストレスを感じている場合、転職をするのか、あるいは副業をチョイスするのか**。

第1章で解説したように、そもそも本業でやりたいことを実現するのは難しいもの。

転職の理由が、「この会社ではやりたいことができない！」というものなら、転職を考える前に、副業でやりたいことを叶える道を考えてみるべき。**転職先でも、やりたいことを貫くのは容易ではない**からです。

そして転職には相応のリスクを伴います。意に反して年収が下がることもありますし、働く環境や人間関係に馴染《なじ》めないこともあるでしょう。

転職を考えているとしたら、多かれ少なかれいまの本業に何らかの疑問を感じているタイミングでしょう。

勇気を持って転職をするのも悪くありませんが、その前にやりたいことを副業で始めてみてはどうでしょうか。

転職と比べても、私が推奨している副業はリスクが低く、本業やいまの生活にほとんど何も悪い影響を及ぼすことはありません。

転職エージェントや転職サイトへの登録を考えているなら、同時に副業に関してもぜひ真剣に考えてみてください。

## 副業は、会社員と独立・起業のギャップを埋めてくれます

やりたいことがいまの会社でも転職先でも実現できないとすると、「いつまで経っても自己実現できない。いっそ独立・起業するぞ！」という発想が出てきます。

日本でも、独立・起業への関心は高まっているようです。

日本政策金融公庫総合研究所が定期的に行っているアンケート調査で、18歳から69歳の男女およそ6万人を対象として「起業に関心があるか・ないか」を尋ねたところ、全体の14・9％が起業に関心があると回答しています（出典：『2021年起業と起業意識に関する調査』）。7人に1人です。

政府も、独立・起業を後押しする政策を打ち出していますが、会社員がいきなり独立・起業するのは、そうそう簡単ではないでしょう。

まず、資金面の問題があります。独立・起業には、お金がかかるからです。

資金面がクリアできたとして、同じ仕事内容でも、会社員として取り組むのと、起業家として取り組むのでは、まるで違います。求められるスキルや能力は別物だと考えた方がいいくらいなのです。

この他にも、会社勤めと独立・起業には多くのギャップがあります。

- **やってみたけど、イメージと違った**
- **やってみたけど、うまくいかなかった**
- **やってみたけど、独立・起業よりも会社員の方が向いていた**
- **やってみたけど、本当にやりたいこととは何かが違っていた**

独立・起業には、そうした目に見えないギャップが存在しているもの。厄介なことに、こうしたギャップの多くはやってみるまでわからないものなのです。

やりたいことが明確にあるのに、独立・起業のハードルが高いからといって、自己実現を諦《あきら》めてしまうのは、長い人生を俯瞰《ふかん》してみると明らかにマイナス。

だからといって会社員をきっぱり辞め、退路を断って「背水《はいすい》の陣」で臨むというのもリスクが大きすぎます。

会社員を辞めた瞬間、安定した収入源を失うばかりか、スタートさせた事業が何らかの理由で軌道に乗らず、失敗して借金を負う恐れもあるのです。多くの人にとって、それは絶対に避けたいところでしょう。

会社員として目に見えない壁にぶつかり、かといってやりたいことのために独立・起業するのもリスクが高い……。そんな八方塞《はっぽうふさ》がりな状況を解決してくれるのが、やりたいことを本業ではなく、副業で実現するという考え方です。

ギャップに陥らず、望んだ形での独立・起業を果たしたいなら、副業を積極的に活用するべき。**本気で独立・起業を考えている人こそ、無料の趣味・ボランティアのレベルからのスタートでもいいので、副業から始めるべき**だと私は思います。

そこで**「イメージと違う」「うまくいかなかった」「会社員の方が向いている」「何かが違う」といった感想を持ったら、別の副業にトライしてみましょう。**

まだ会社員を辞めていませんから、独立・起業とは違い、本業で安定した収入が毎月入ってきます。私がお薦めする副業はまとまった資金やコストがかからないので、副業がしばらく鳴かず飛ばずでも、収入面で困ることはないのです。

副業で失敗したら、その時点でストップして別の副業にスイッチすればいいだけ。赤字が膨らみ、借金がかさむといった心配とも無縁です。

金銭面の不安がないというのは、副業でやりたいことを始める大きなメリット。独立・起業でやりたいことを始めたとしても、日々の糧《かて》となる収入面に不安があると気が気ではありません。

ストレスや不安が募り、それが「早く黒字化しなければ」といった焦《あせ》りに変わり、無謀《むぼう》な事業計画を立てたり、強引な営業をかけたりして、せっかく始めたビジネスが傾いてしまうことだって考えられます。

副業で試行錯誤《しこうさくご》をしている間に、本当にやりたいことが見つけられるようになります。その段階で、会社員をしながら副業として取り組むのか、その先に独立・起業を視野に入れながら活動するのかを、走りながら考えればいいのです。

副業を経ることなく、会社員を辞めて一足飛びに独立・起業を果たすより、**本業という〝保険〟で収入面での不安がない状態で副業に励み、それから独立・起業する方**

**が成功率は高まります。副業がやりたいことを見極める助走期間となり、その間に経験値が高まり、スキルもアップするから**です。

私自身もこのパターン。会社員として働きながら副業として始めたことが、のちに独立・起業を果たす出発点となっているのです。

## 貯蓄から投資へ、そして投資から副業へ

先進諸国のなかでも、日本は投資後進国とされています。

日本の家計金融資産はおよそ2000兆円。そのうちの半分は現金・預貯金が占めています。株式や投資信託の割合は約19％であり、アメリカの約55％と比べると3分の1ほどの低い水準に留まっています。

インフレ対応で先進諸国の金利は軒並み上がっていますが、日本では異次元の金融緩和が続行されており、金利は低いまま。メガバンクの定期預金の利率は0・002％で、100万円を1年間預けたとしても、受け取れる利息はわずか20円に留まります。さらに、そこから税金が差し引かれます。

いまの日本では、貯蓄頼みでは資産は増やせないのです。

政府も、経済活性化のために、「貯蓄から投資へ」というスローガンを掲げ、国家

戦略の一つとして投資環境の整備を進めています。税制面から個人の投資拡大を促すため、「ＮＩＳＡ（少額投資非課税制度）」の抜本的な拡充も行われる予定です。

こうした「貯蓄から投資へ」という流れは間違っていないと思いますが、**そこに副業をプラスするのがベスト**だと私は思っています。

投資では、リスクとリターンのバランスを取ることが不可欠になりますが、大きなリターンを得ようとすると、どうしても大きなリスクを伴ってしまうのです。

ＦＸ（外国為替証拠金取引）、ビットコインなどの暗号資産（仮想通貨）、株式の信用取引などは、いずれもハイリスク・ハイリターンです。

取引がうまくいけば得られるリターンは大きいのですが、失敗すると投資額のすべてを失うだけではなく、借金を背負ってしまう恐れもあります。これでは、投資ではなく、投機（ギャンブル）です。

かといってリスクを許容できず、最小限に抑えようとすると、それに応じて得られるリターンも少なくなります。

それでは、いつまで経っても上がらない賃金を補う第２の収入源の確保を狙っている若い世代にとっても、老後に備えて資産を増やしたい世代にとっても、満足度の高い投資にはならないでしょう。

そこで目を向けてほしいのが、副業です。

前述のように、私が薦める副業を始めるのに、これといった資金は不要。たとえ失敗したとしても、お金を失う恐れはありません。失うものがないのですから、成功するまで、別の副業をリスタートさせればいいのです。

どれだけのリターンが得られるかは蓋《ふた》を開けるまでわかりませんが、なかには副業がバズり、月収30万円の本業ステージを経て、早々に月収１００万円の独立・起業ステージに迫るリターンを上げる人もいます。

副業はローリスクなのに、やり方によってはハイリターンも期待できる自分への投資という側面も大きいのです。

## F.I.R.E.を考える前に、副業を考えてみましょう

いま若い世代では、「F.I.R.E.」に憧れる人が増えているようです。

これは、「Financial Independence, Retire Early」の頭文字を並べたもの。**「経済的独立を果たした早期退職」**という意味です。

起源を辿《たど》ると、「F.I.R.E.」はアメリカで注目された生き方です。

その基本コンセプトは、若いうちから会社で真面目に働いて、そこで得られた収入を株式などに投資してまとまった資産が築けたら、頃合いを見計らって早期退職。あとは手堅い資産運用で食い扶持を確保しながら、会社や組織に縛られない自由なライフスタイルを選択するのです。

その定番的なプランは、年間支出の25倍の資産を築いたら、あとはそれを年利4%で運用するというもの。

アメリカでは、日本の日経平均株価に相当するS&P500の値動きに連動するインデックスファンド（投資信託）の年平均利回りはおよそ7％。そこから年平均インフレ率3％を引くと、年利4％という数字が出てきます。

（インフレ進行中の現在、この計算が必ずしも成り立つわけではありませんが、詳細な分析は本書の主旨から外れますので、これ以上追求しないことにします。興味がある方は、F.I.R.E.関連の書籍などで研究してみてください）

仮に、6000万円の資産が築けたとしたら、年利4％で年間240万円の不労所得が得られる計算になります（税金などは考慮せず）。

加えて、すき間を見つけて必要最小限のアルバイトなどで稼ぎをプラスすれば、地方都市で贅沢《ぜいたく》しなければ、最低限の生活費に困ることはないでしょう。

F.I.R.E.に憧れる理由は、人それぞれでしょう。

でも、その原動力の一つには、会社・本業ファーストの自分と社会に嫌気《いやけ》が差して、本当にやりたいことに時間を使い、自分らしく生きたいというニーズがあるのは、おそらく間違いないでしょう。

ただ本業で生活費を確保しながら、**副業でやりたいことが自己実現できたら、6000万円の資産を築いてF．I．R．E．しなくても、人生をより楽しむことができます。**

6000万円の資産を築くまでにはかなりの時間を要しますが、副業なら思い立ったが吉日で今日から準備を始めて早々にスタートできます。

日々の仕事のルーティンに疲れて、F．I．R．E．に憧れているタイプは、株式投資を考える前に、副業についてより深く考えてみてはどうでしょうか。

## 定年後の人生100年時代の「保険」として、副業が求められています

この本の読者には、50代以降になり、そろそろ「定年」の2文字が頭に浮かんできたという人もいるでしょう。

そういう方々には、副業はとくに大きな意味を持っています。**定年後の「長生きリスク」にも備える一助**となるからです。

100歳以上の百寿者《ひゃくじゅしゃ》は、全国で9万人を超えています。世界有数の長寿国である日本では、人生100年時代が現実に近づいているようです。

しかし、長生きはもろ手を上げて歓迎すべき点ばかりではありません。「長生きリスク」があるからです。

**「長生きリスク」の背景には、「平均寿命」と「健康寿命」のギャップがあります。**

平均寿命とは、オギャーと生まれてきた0歳児が、平均してあと何年生きるかとい

う平均余命のこと。健康寿命とは、介護なしに健康で自立した生活が送れる期間です。その差は男性で8年、女性で12年ほど。そのギャップ期間には、肉体的・精神的な不安が募りますし、介護などにかかる経済的なコストもかさみます。

幸いにも健康で自立できているとしても、「長生きリスク」はついて回ります。老後に資金がいくら不足するかはケースバイケースですが、2019年には定年後の20〜30年間で2000万円の資金が不足するという「老後2000万円問題」が大きな話題となり、寿命より先に〝資産寿命〟が尽きることのリスクに脚光が当たりました。

誰しも生きている限り、衣食住などの生活費がかかります。最低限の生活費の他にも、好きなところへ旅行に出かけたり、趣味や娯楽に使ったりするお金も必要です。長生きすればするほど、それらの総額は膨れ上がるのです。

「長生きリスク」に備えて、定年後も働く人は増えています。

総務省のまとめによると、2021年の65歳以上の就業者数は909万人。65〜69歳の就業率は50・3%。2人に1人は、定年後も働いているのです。

加えて、政府は、少子高齢化の進行を踏まえて、高齢者が社会でより活躍できるよう、70歳まで現役で働ける制度を整えています。

確かに元気なら高齢になっても働けますが、問題は働き口をどう見つけるか。

定年まで勤めた会社に再雇用されるケースもあるでしょうが、新たな働き口を探すことを求められる人もいるに違いありません。

その際、何も準備をしていないと、定年が目前に迫ってから慌てて新しい働き口を見つけることになり、就労で苦労する恐れもあります。

**働き盛り世代のうちから副業をスタートしていれば、その分だけ老後の蓄えも増やせますし、その間に経験値を高めてスキルを十二分に積む余裕があります。その実績は定年後の就労時でも存分に生きる**のです。

副業は、これからの人生１００年時代をフルに享受《きょうじゅ》するための頼れる武器になってくれると私は信じています。

## 副業がハマれば、会社はそれほど悪いところではないかもしれません

副業を始めて、やりたいことが満たされてくると、**「会社も思いの外、悪いところではないな」と思える心のゆとりが出てくる**こともあります。

私自身、会社員時代、多くの学びが得られました。

興味を持っていた経営企画やマーケティングについて、仕事という実践の場、真剣勝負の場で深く学ばせてもらえました。起業家精神が息づいている若い会社だったということもあり、ベンチャー的な働き方も経験できました。これは、ハナからフリーランスで働いていたら、容易には得られない学びだったと感謝しています。

会社員として賃金に見合う成果を出すことは当然求められますが、お金をもらいながらキャリアアップが図れるというのは、会社勤めの大きな魅力でしょう。

この他、厚生年金、雇用保険、住宅手当、社員食堂といった福利厚生などの面でも、

会社員ならではの恩恵《おんけい》が得られます。

改めて考えてみると、お馴染みのオフィスという場所も、インターネット、空調、照明などなど、働くために最適な環境づくりが徹底されています。

コロナ禍でテレワークがニューノーマルになり、自宅やカフェなどで仕事をする機会が多くなった会社員も少なくないでしょう。

そこでよく耳にするのは、「オフィスの方が、何倍も効率的に仕事がこなせた」という不満の声です。それは、前述のように働く環境づくりでは、オフィスの方が何倍も整っているから。椅子一つ取ってみても、自宅のキッチンやカフェの椅子よりも、オフィスの椅子の方が何倍も座りやすく、仕事の効率も上がるでしょう。

私は会社員時代から、こうした会社員のメリットについて何となく意識してきたつもりでしたが、独立・起業を果たしてからはその恩恵に改めて感謝しています。

本業で会社員としての恩恵を100％享受しながら、やりたいことは副業で実践するというのは、いいとこ取りで少々ずる賢いやり方かもしれません。

でも、副業で得られた学びやスキルは、本業にもフィードバックできます。それで本業のパフォーマンスが上がればキャリアアップや収入アップにもつながり、会社にもメリットがありますから、Win-Winの関係が築けるのです。

## 副業で見えてくる世界は異次元。それがあなたの人生を豊かにします

私のサポートで副業を始めた会社員たちにインタビューすると、次のような感想が多く寄せられます。

- **まったく違う世界の知識や人脈が広がった**
- **いままで、いかに狭い世界で生きてきたかを思い知らされた**

この感想からもわかるように、副業は新しい世界を見せてくれます。それは、あなたの人生を豊かにする契機となってくれるでしょう。

ここで学生時代を振り返ってみてください。

小学校からずっと男子校だったり、女子校だったりすると、男女共学の学校生活はきっと異次元でしょう。男子校や女子校の出身者が、大学で初めて共学となり、強いカルチャーショックを受けるという話を聞いたこともあります。

共学の学校に通っていたとしても、多くの高校生にとって大学生活は想像を超えているでしょう。そして多くの大学生にとっても、社会人として働く生活は想像を超えているに違いありません。

このように違うステージの世界を想像するのは難しいもの。異なるステージは、まるで山の向こう側のようなもの。ステージが変わらない限り、その世界観をリアルに摑《つか》むことは難しいのです。

同じように、学校卒業以来、会社員として本業に勤《いそ》しんできた人、なかでも一度も転職せずに同じ会社に勤め続けた人にとっては、副業はステージが違いますから、イメージするのは難しいでしょう。ましてや「副業の先に、独立・起業がある」と言われても、ピンと来ない人が大半だと思います。

それは仕方ないことかもしれませんが、「ステージが違ってイメージが湧《わ》かないから、副業という次の一歩を踏み出さない」というのは、もったいないと思います。

イメージが湧かないのなら、山を越えてそのステージに立ってみればいいだけ。その一歩を踏み出さない限り、副業はいつまで経っても始められないでしょう。

次のステージがイメージできないとしても、学生は高校を卒業すれば大学に入り、大学を出て就職するという決まった流れがあります。まるでエスカレーターに乗ったように、勝手にステージが上がるのです。

（受験では、小学校から大学まで内部進学できることを〝エスカレーター式〟と呼んだりしますが、ここでは自らステージを変えたいという強い意志を持たなくても、自然にステージが上がるという意味合いで〝エスカレーター〟という表現を使っています）

男子校、あるいは女子校で過ごしていた人も、共学のところに進学すれば、好むと好まざるとにかかわらず、新しい世界を目の当たりにします。それにより、新たな自己を発見することもあるでしょう。

ところが、学校を卒業して会社に入り、転職もせずに本業に忙殺《ぼうさつ》されていたら、自らアクションを起こさない限り、違うステージに上がることはありません。そのままでは知識も人脈も広がらず、狭い世界で生きていく他ないでしょう。

エスカレーター式にステージが上がらないなら、新しい世界を見るためには、自らステージを上げるしかありません。

そのための方法の一つが、副業を始めること。

副業をスタートさせてみると知識も人脈も広がり、これまでにない広い視野で本業＋プライベート＋副業という「人生の円」が大きくなっていくのです。

副業実例
2

# 副業でライフワークを実現。10年以上安定して収入を得ています

坂井二朗さん（55歳、男性）

本業：大手ＩＴ企業人材開発部門幹部社員　副業：イメージコンサルタント

月収：平均10万円、最高30万円

坂井さんは、誰もが知る超有名な大手ＩＴ企業に勤務しています。給与も高く、会社員としては勝ち組といえるかもしれません。ですが、本人は本業にもう一つ夢中になりきれず、不完全燃焼の日々を送っていました。

なぜなら、学生時代にあまり熱心に就活をせず、バブル期の終わりになんとなく入った会社だから。**20年以上営業を続けたにもかかわらず「ＩＴやテクノロジーに興味が持てなかったのです」と告白します。**

**本業がライスワークになっている典型例ですね。**

坂井さんの人生が変わったきっかけは、営業として幸運にも大好きなアパレル業界を担当できたこと。ＩＴへの関心は低くても、お客様の事業や経営に貢献したい気持ちは人一倍強かったそうです。

アパレル企業の人たちとの関係が強くなればなるほど、子どもの頃から好きだったファッションへの思いは強くなり、いつかライフワークにしたいと考えるようになったのです。

ファッションを仕事にしている人たちを羨ましいと思う半面、本業を辞めてファッション業界に転職するほどの勇気はなかったし、会社やそこで働く人が好きだという坂井さん。そこで、副業で本当に大好きなファッションにチャレンジしてみることにしたのです。

**坂井さんが副業に選んだのは、イメージコンサルタント。**奥様が購読していた雑誌で偶然見かけたイメージコンサルタントで起業した女性の記事を読み、ある種の〝衝撃〟を受けたとおっしゃっています。

なかでも坂井さんが選んだのは、**自分と同世代の男性ミドルシニア（おじさん）専門のイメージコンサルタント。おじさん一人ひとりのニーズに寄り添い、目的に応じて最適の装いを提案する副業**です。

本業の傍ら、イメージコンサルタント養成講座を受講して、好きだったものを得意へと昇華させました。

坂井さんの選択は、これから副業を始める人に大いに参考になりそう。

好きと得意が活かせたとしても、そこに需要がなければ、副業としてお金を稼ぐことはできません。ですから、**副業は、職業としてすでに成り立ち、需要が確実にあるものを選ぶべき**です。ニッチにこだわりすぎた挙げ句、そこに市場がなかったら、ブルーオーシャンで溺れてしまうだけ。その点については本編で詳しく触れた通りです。

でも、需要があるレッドオーシャンのなかでは、少しだけポイントをズラしてやると、副業は成功しやすくなります。

**ズラすとライバルにはないユニークな差別化ポイント（USP＝ユニーク・セリング・プロポジション）が生まれますし、独創性を活かして適正な価格で価値**

**提供ができるようになるから**です。

イメージコンサルティングという仕事は、著名人やエグゼクティブといった限られた層から始まり、一般向けにも徐々に市場が拡散しました。一般向けでは、ファッションに敏感な若年層、とくに女性向けを中心に広がっています。

ところが、**男性ミドルエイジ向けのイメージコンサルティングは、ありそうでなかった副業。**「自分は営業という職業柄、装いには極力気をつけてきたつもりですが、同世代のおじさんたちは装いに無頓着すぎて見た目で損をしているタイプが大半。彼らに、大切なコミュニケーション手段の一つとして服装術を伝えたいという思いが強いんです」と坂井さん。

坂井さんは、日本人イメージコンサルタントの第一人者に師事しながら、スキルと経験値をアップ。納得する実力が身についた段階で独立して、知り合いの口コミで少しずつ顧客を増やしながら、ファーストキャッシュを得ることができました。

坂井さんがイメージコンサルの副業を始めたのは、10年以上前。

本業と同じレベルまで稼げるようになったら、ライフワークとして独立・起業したいと考えていたそうですが、平均月収は10万円ほど。副業として悪くはありませんが、それだけで家族を養うことはできません。

それでも**副業を続けることは、本業にもポジティブな影響を与えました。営業として社員の見た目のイメージアップを図る重要性を上層部にも認めさせ、自ら異動した人材開発部で、社内でもイメージコンサルティング活動をされているのです。**

その活動は会社がドレスコードフリー（服装自由化）になったことをきっかけに、より加速されたそうです。

新たな部署では、ドレスコードフリー化に戸惑い、以前と似たような背広姿から脱皮できない男性ミドルエイジ社員に向け、身だしなみや美容に関するセミナーを立ち上げ、副業で培ったスキルと経験を本業に還元できているのです。

おじさん専門イメージコンサルタントの坂井さん、「社内では〝服育おじさん〟と呼ばれるようになりました」と笑って話されます。

このようにライスワークにライフワークが反映するのも素敵だと思いませんか？

# 第3章

# 失敗しない**副業の選び方**があります

## 絶対にやってはいけない副業を消去法でチェック

長年、会社員生活を続けてきた人は、副業がいいと言われても、何を始めたらいいのか見当もつかないでしょう。

そこで大切なのは、どんな副業を始めるかを考える前に、どんな副業に手を出してはいけないかを消去法でチェックすること。絶対にやってはいけない副業があるのです。

それには次の5つの特徴があります。

### やってはいけない副業の5大特徴

❶ 在庫を抱える

❷人の信用を失う
❸初期費用・固定費がかかる
❹すぐに辞められない
❺お金だけでやりがいがない

なぜダメなのか。順番に説明していきましょう。

## ❶在庫を抱える

ネットワークビジネスや転売ビジネスなどでは、売れ残りを在庫として抱えるリスクがあります。

在庫を持つとそれを保管する場所が必要ですし、在庫が目論見通りにさばけない場合、保管コストがかさむこともあり得ます。

## ❷人の信用を失う

お金以上に失ってならないものは、何か。それは人の信用です。

信用を築くには多くの時間を要しますが、それを失うのは一瞬。マルチ商法まがいのネットワークビジネス、怪しい情報商材のセールス、生命保険の代理店セールスなどの強引な勧誘により、親しい友人や知人を失ったという悲しい話をよく見聞きします。

親しい友人や知人は、他の何物にも代え難い一生の財産。それを失うほど、愚かなことはないと私は思っています。

### ❸初期費用・固定費がかかる

オフィスを構えたり、人を雇ったりしないと成り立たないビジネスには、初期費用や固定費がかかります。

100%成功する保証はどこにもないのに（むしろ失敗する可能性だってあるのに）、初期費用・固定費のようなコストがかかってしまうと、「早く利益を上げなければ、赤字だ！」という焦りにつながり、本当にやりたいことを追求するのではなく、お金を稼ぐことに主眼が移りがちです。

**始めるのにお金がかかる副業は、選択肢から外すべき**。失っても生活には響かない余裕資金でカバーできるならまだしも、**借金をしないとできないような副業はNG。**「はじめに」で触れたように、副業にはいくつかのステージがあり、初めは稼ぎがゼロからのスタートであり、それが**お小遣いステージ（月収5万円）、本業ステージ（月収30万円）に達するまでには、時間を要するから**です。

## ❹すぐに辞められない

ネットワークビジネスや、自らが代理店となって行うビジネスなどでは、1年契約のように契約を先に結ぶことがあります。

すると、辞めたいと思ったときに自由に辞められません。辞められたとしても違約金が発生することもあります。オフィスを借りたり、人を雇ったりしたり、在庫を抱えたりした場合でも、すぐに辞められないでしょう。

## ❺お金だけでやりがいがない

やりたいことは本業ではなく副業でこそ叶えるべき。やりたいこと、やりがいを感じることでないと副業は長続きしません。

ライスワークである本業でお金が稼げていたら、ライフワークである副業ではやりがいを追求するべきなのです。

私がインタビューさせてもらった副業経験者にも、「転売ビジネスで1か月の売り上げは最高75万円まで伸びましたが、『この先、やりたくもない仕事を続けるのはメンタル的にしんどい』と思って辞めました」と告白する人もいました（102ページ参照）。

コロナ禍以降、UberEatsのような宅配・配達業のニーズが高まり、収入源を補う副業として始めた人も少なくありません。

それが本人のやりたいことなら、それも悪くないと思います。あるいは、何かの理由で本業を失い、仕方なく宅配・配達業に取り組む人もいるでしょう。でも、本業に加えてお金を得るためだけに副業で自分の時間・体力・気力を削るような働き方は、辛くて長続きしないのではないでしょうか。

## ライスワークもライフワークもどちらも必要です

「はじめに」で触れたように、本業と副業を明確に区別するには、縦軸に「やりたい」ことかどうかを取り、横軸には「収益性」を取ったマトリックスが有効。
再度おさらいしてみましょう。

このうち右下のCは、やりたい度は低いものの収益性は高く、お金になるライスワーク。食い扶持

［副業選びに役立つ４つのマトリックス］

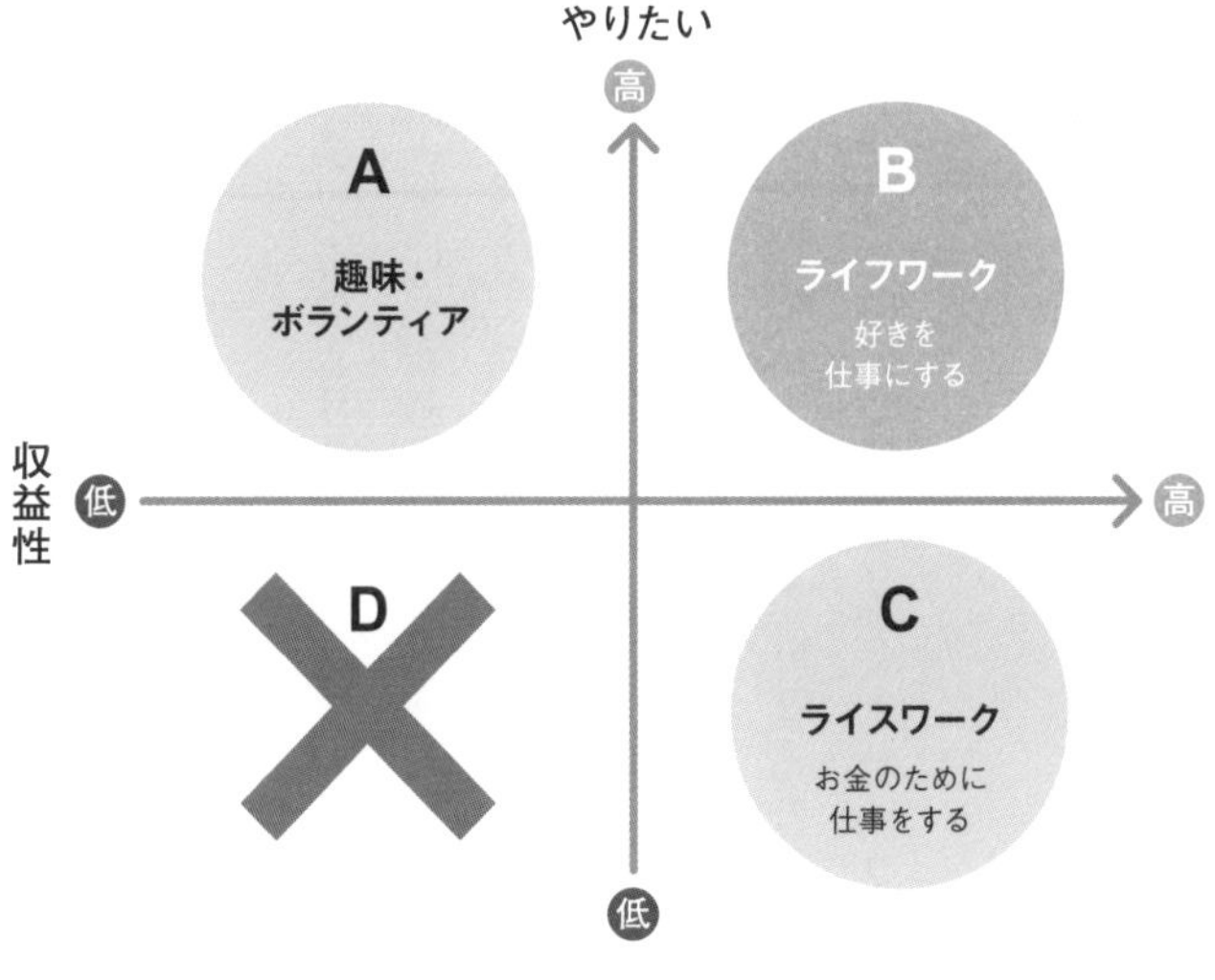

を得るために行う本業です。

お薦めしたい副業は、右上のB。やりたい度も高くて、収益性も期待できるライフワーク。一生を通じて続けたい仕事です。

ここで誤解されないように付記すると、私は**ライスワークよりも、ライフワークの方が価値があるとは思っていません。衣食住など生きていくためにはお金が要りますから、「お金のための仕事」をネガティブに捉える必要はどこにもないのです。**

でも、世の中的には、お金のために働く＝ライスワークをポジティブに捉える風潮は、主流になっていないようです。

一方で、アーティストや芸能人に関しては、「お金のために働き、夢を叶えるために努力する」というストーリーは、むしろ美談として好意的に受け入れられるという不思議な風潮があります。

「売れないミュージシャンが、居酒屋のアルバイトで糊口《ここう》をしのぎながら、メジャーデビューを夢見て小さなライブハウスで演奏している」

「舞台俳優の卵が、アミューズメントパークのキャストとして働いて生計を立てながら、土日に小劇場のステージに立ち続けている」

こうしたエピソードは、メディアにもちょくちょく登場します。

そんな話を見聞きしたとき、「夢を胸に秘め、やりたいことがあるのに、お金のために働いているなんて」と眉を顰《ひそ》める人はいないはず。むしろ、将来の夢を叶えるために努力している背中を応援したくなるでしょう。

それなのに、他にやりたいことがある会社員が、「お金のために仕事」をしているというと、なぜか途端にネガティブな印象になってしまいます。

けれど、第1章で詳しく解説したように、新卒一括採用システムを長年取ってきた日本においては、会社員が「やりたいこと」を仕事にするのは容易ではありません。

本業である会社員としての仕事が、「お金が稼げるうえに、やりがいもある」というのが理想的ですが（マトリックスのB）、やりがいがなくてもお金が稼げるなら、本業としては肯定的に捉えるべきです。

雇用している会社としても、サラリーに見合うパフォーマンスを出してくれたら、胸にどんな思いを秘めて働いているかは気にもしないもの。

会社員もやりがいを持つべきだという思い込みや葛藤《かっとう》から自由になり、「会社員の本業は、お金のためのライスワークでいい」と割り切って全力で肯定した方が、いまやっている仕事に真面目に向き合えるでしょう。

ライスワークでお金の心配がないからこそ、心置きなく副業に取り組めます。

副業をもっと普及させて、やりたいことを自己実現する人を増やすためにも、ライスワークをもっと肯定的に捉えてほしいと私は思っています。

## ユーチューバーを副業にするのは、意外に大変です

副業としてユーチューバーを考えている人もいるでしょう。

それは、果たして正しい道なのでしょうか。

ユーチューバーは、「やってはいけない副業の5大特徴」のうち、❶〜❹には幸いにも当てはまっていません。問題は、最後の❺に引っ掛かるかどうか。

YouTubeで展開しているコンテンツが、自らのスキルを活かしたものであり、やりたいこと、やりがいのあることなら、それでもいいでしょう。それは、本書が提案しているスキルエンサー副業そのものだからです。

そうではなく、ただ世間の注目を集めてバズるためだけに、自らのスキルとも自己実現とも関わりのない活動を続けるのは、フィジカル的にもメンタル的にも辛いだけ。収益化する前にしんどくなるのは目に見えています。ユーチューバーとして対価を得

るのは、未経験者の皆さんが想像している以上に難しく、利益を出すまでに時間も手間もかかりすぎるのです。

ユーチューバーとして利益を出す方法は、次の2つの道しかありません。

**❶広告収入を得る**

**❷YouTubeのチャンネルで商品を販売する**

多くのユーチューバーは、❶広告収入を得ることを狙っています。

これは成果報酬型広告。いわゆるアフィリエイトです。

これは、ユーザー（視聴者）がアフィリエイト広告を経由して商品やサービスを購入するなど、一定の成果条件をクリアした場合、広告主からメディア運営者（この場合はユーチューバー）に成果報酬が支払われる仕組みです。

確かに、それで成功している人もいますが、ユーチューバー同士の競争が激しさを増している現在、並みいるライバルたちに打ち勝ち、広告収入が得られるまで多くの視聴者を獲得するのは大変。膨大《ぼうだい》な時間と努力を要します。

本業として朝から晩までユーチューバーとして活動している人たちが大勢いるのに、

本業の傍ら副業としてYouTubeに取り組む立場だと一層不利です。

収益化のもう一つの手段である❷YouTubeのチャンネルで販売するのはどうでしょう。

多くの人には、販売して利益が上げられるような商品は手元にないでしょう。たとえ、商品があったとしても、それは「やってはいけない副業」の項目で触れた❶在庫を抱える、❸初期費用・固定費がかかる、❹すぐに辞められないといったチェックポイントに引っ掛かりますから、前のめりにならないように気をつけてください。

ここまでを改めてまとめると、私が提唱したい副業とは、

- ネットワークビジネスでもない
- 転売ビジネスでもない
- FXや仮想通貨などへの投資でもない
- UberEatsのような宅配・配送業でもない
- ユーチューバー、アフィリエイトでもない

ということになります。やるべき副業は、スキルエンサー副業一択なのです。

## 「好きだけれど、収益にならないこと」は副業ではなく趣味・ボランティアで

ユーチューバーは副業には向かないと指摘しましたが、「YouTubeでの活動は稼げないけど、好きで楽しいから続けたい」という考え方は素敵だと思います。

それが、マトリックスのA。

**「やりたいけれど、収益性は低いこと」ですから、副業ではありません。それは趣味やボランティアとしてぜひ続けてください。**

本業、副業以外にも、趣味やボランティアとしての活動もあれば、それだけ人脈も広がりますし、人間性を磨くチャンスも増えます。

人生を俯瞰《ふかん》すると、本業だけの1本足打法よりも、本業＋副業という二刀流の方が人生の充足度は高まります。さらに、**本業＋副業＋趣味・ボランティアという三刀流だとより充足度は上がる**と私は思っています。

私自身も、**「やりたいけれど、収益性は低いこと」として地道に続けているものがあります。それは漫才です。**

2022年も、「M-1グランプリ」に出場してきました。M-1グランプリは、結成から15年以内の若手漫才師であれば、プロだけではなく、私たちのようなアマチュアにも門戸は開かれているのです（ピン芸人の出場はNG）。2022年には、プロとアマチュアを合わせて史上最多となる7261組がエントリーしたそうです。

M-1グランプリでは、アマチュアの大半は1回戦で敗退します。

2回戦に進めるのはプロだけであり、私たちももちろん1回戦で敗退しました（そして決勝に進めるのはわずか10組のみ）。

**今回ちょっとだけ自慢できるのは、会場で笑いが取れたこと。**

漫才ファンの観客たちは、1回戦で初めて見たアマチュアの漫才で笑うことはほぼほぼありません。

私たちは元吉本興業の芸人さんにいろいろなアドバイスをもらっているのですが、彼が言うには**1回でも客席から笑いが起これば、「すごい！」と褒められるレベル**だとか。それなのに、2022年の1回戦で私たちは5回も笑いを取れたのです（それでも2回戦には進めないのですから、プロたちの実力はやはりレベチなのです）。

私にとって漫才は完全なる趣味。好きでやりたいから取り組んでいるだけです。収益には結びつきませんし、結びつけようと考えたこともありません。

お金にはならなくても、漫才で得られることはたくさんあります。

もともと私は、人前で話すのがあまり得意なタイプではありませんでした。しかし、**漫才を続けていることでコミュニケーション能力（コミュ力）が格段に上がり、講師としての能力も底上げされた**という実感があります。

また、私は副業というチャレンジに乗り出そうとしている人たちを応援する教育者でもあります。自身が何かに果敢にチャレンジする背中を見せておきたいという思いもあり、漫才に挑戦し続けているのです。

その甲斐《かい》があり、高知県の書店さんからお声がかかり、漫才師として初ライブを行うことができました。イベントの前半は「年始の目標設定」に関する講演会、後半は漫才ライブというユニークな構成になり、多くの方々から好評を博しました。

このように即座《そくざ》には収益にならないけれど、好きで続けている趣味・ボランティアが、何かのきっかけで本業や副業にポジティブな影響を及ぼすことも考えられるのです。

副業実例
3

## 失敗を乗り越え、好き×得意×需要の方程式で副業が大成功

たかあきさん（30代、男性）
本業：医療系マーケティング・企画　副業：ライティング
月収：平均15万円、最高31万円

起業家精神があり、ゆくゆくは独立・起業を考えていたというたかあきさん。その橋渡しとして副業を始めることにしました。

まず、手がけたのは、物販。中国から格安で輸入した品物を、フリマアプリを介して売る副業を始めました。転売ビジネスですね。

本業のマーケティングの経験が生きたのでしょう。売り上げは順調に伸び、月商は最高で75万円、純利益は25万円を超えたとか。

サポートしてくれた副業コンサル（私ではありません）からは、「次は月商100万円を目指しましょう！」と発破をかけられたそうですが、**売り上げの伸びと反比例するようにたかあきさんのやる気は右肩下がりにダウン**。最高の売り上げを記録した翌月、物販の副業をきっぱり辞めてしまいます。

その理由は、**「お金は稼げるけど、びっくりするほどやりがいがなく、続けるのが精神的に辛くなった」**から。好きも得意も伴わない副業はライスワークとなり、続けるモチベーションが湧かないものです。

物販の失敗を踏まえて、たかあきさんが次に始めたのは、表計算ソフト「エクセル」に関するブログ。物販がつまらなかったのは、人びとの役に立っている実感が得られなかったからだ。そう自己分析したたかあきさんは、**使い方がわからずに困っている人が多い「エクセル」の活用法を紹介するブログをスタート**させたのです。

理系で学生時代からデータ処理が好きで得意だったたかあきさん。会社の業務で「エクセル」を完璧《かんぺき》に使いこなしており、「エクセル」の使い方に関するブログを書くことも好きだったのですが、肝心《かんじん》の売り上げが伸び悩みました。

スキルエンサー副業に求められる3要素のうち、好き×得意までは満たせたのに、需要が付いてこなかったのです。

そして最後に行き着いたのが、**文章を書くライティングという副業**。

きっかけは、友人の一人から「セミナーの集客に苦労している」と聞かされたこと。

たかあきさんは、本業で毎日のようにマーケティングに関するライティング作業をしていましたから、「じゃあ、試しに僕が集客用の文章を書いてみようか」と気軽な気持ちで応じました。文章を書くことは、学生時代から好きだったからです。

すると、集客数が一気に伸び、セミナーは大成功。友人からも大変感謝されたそうです。**自分ではとくに得意だと思っていなかったライティングという仕事に、スキルギャップがあり、大きな価値提供ができた**ことに本人も大満足。これまでにない充実感を感じることができたそうです。

**好き×得意×需要という3要素を満たせた結果、ライティングというたかあきさんのスキルエンサー副業は大成功。**

成功報酬にすれば、クライアントにも負担がないと考えたたかあきさんは、売り上げの20％に価格設定。集客には、口コミに加えてクラウドワークス、ランサーズ、ココナラといった請負業務のマッチングアプリをフル活用。実績も上がり、顧客も少しずつ増えて、それと比例して売り上げも右肩上がりになってきました。

**副業を始め、「どうすれば売り上げは伸びるのか」を意識するようになると、本業の会社がどのような仕組みで回っているかも俯瞰できるようになった**とか。これまで以上に、組織全体を見渡しながら広い視野で仕事ができるようになりました。

副業という違った視点でビジネスを実践的に学び直し、それを会社に還元することで先輩からも同期からも一目置かれる無双状態に。副業によるシナジー効果で本業でも成果が出せるようになりました。

本業も充実してきたたかあきさんでしたが、**当初から独立・起業が目標でしたから、ライティングを基軸に独立**。現在は、**教育というもう一つのライフワークを実現するため、将来の学習塾の設立に向け、起業家としての経験値を高めてい**

**る最中**です。

物販を続けていたら、副業コンサルが言うように、月商を100万円、200万円と増やすことも夢ではなかったかもしれません。でも、そこにやりがいを感じなかったのですから、物販で独立・起業をしても長続きせず、失敗に終わったでしょう。

「エクセル」を教えるブログは、好きと得意が活かせる副業ではあったものの、売り上げが伴いませんでしたから、やはり独立・起業しても失敗したことでしょう。

**好き×得意×需要で、お金も稼げて、心を満たせる。そんなスキルエンサー副業こそ、長続きするし、独立・起業も含めて人生の可能性を広げてくれる**ことを、たかあきさんのケースは改めて教えてくれるのです。

# 第4章

# スキルエンサー副業が最強です

## 失敗しない副業の選び方があります

本業がお金のためのライスワークで、副業が心を満たすライフワーク。違いがよくわかったところで、この章ではどんな副業が最強かを考えたいと思います。

前章の４つのマトリックスでは、「やりたいこと」かどうかと、「収益性」があるかどうかを基準として話を進めました。

ここではさらに深掘りして、「好き」「得意」「需要」という3要素であなたが

［最強の副業イメージ］

チョイスすべき副業を選ぶ方法を考えたいと思います。
この3要素が重なるポイントこそ、最強の副業なのです。
その選び方には、3つのステップがあります。

**失敗しない副業を選ぶ3ステップ**

❶ 好きなことを選ぶ（WILL）
❷ 得意なことを選ぶ（CAN）
❸ 需要・収益性があるものを選ぶ（WANT）

## ❶好きなことを選ぶ（WILL）

副業では、やりたいこと、やりがいがあることを選ぶべき。だとしたら、まず自分は何が好きなのかを考えてみてください。

やりたいことは、好きで夢中になれること。好きならずっと続けられますから、経験値も高まり、スキルアップにもつながりやすいのです。

それが副業選択の最初のステップになります。

## ❷ 得意なことを選ぶ（CAN）

好き＝得意とは限りません。ピアノは好きでも、ピアノが好きな人が全員ピアノを弾くのが得意とは限らないでしょう。

副業にするには、**好きだけでなく、得意なものである方が有利**です。

ただし、好きなことを続けていれば、得意になってきます。

そして、得意になれば、より好きになるという好循環が期待できます。

## ❸ 需要・収益性があるものを選ぶ（WANT）

**好き（WILL）×得意（CAN）だとしても、そこに需要（WANT）がなかったとしたら、収益は上げられません。**

たとえば、天体写真がどんなに好きで得意でも、畢生《ひっせい》の傑作写真（一生涯に一度撮れるかどうかという写真）を買ってくれる人が誰一人いなかったら、副業としては成立しません。

同じように、スマホゲームがいくら好きで得意だとしても、それだけでは収入に結びつけるのは難しいでしょう。

**需要（WANT）がないのに、好き（WILL）×得意（CAN）なものは、無料の趣味・ボランティアで追求**してください。すでに触れたように、そこから出発して副業、独立・起業に発展することもあります。

逆に言うと、いくら需要（WANT）があっても、それが好き（WILL）×得意（CAN）でなかったら、副業にはできないでしょう。

## 副業では「差別化」は考えなくてよし。あえてレッドオーシャンを目指しましょう

副業で勘違いしやすいポイントの一つが、「差別化」を考えること。他の人との違いを出さないと、副業として成立しないと思ってしまうのです。

断言しましょう。**副業では「差別化」を考える必要はありません。むしろ「差別化」を考えるのは、副業を成功へ導くうえでの障害になりかねない**のです。

そう言い切ると、首を傾げる人もいるでしょう。一般的に、ビジネスの世界では「差別化」が何よりも肝心とされているからです。

ですから、会社員が副業を始めようとすると、半ば脊髄《せきずい》反射的に「自分が他の人の副業と差別化できるポイントはどこなのか」を必死に考えようとします。

それが大きな勘違いなのです。

マーケティングの世界では、ブルーオーシャン戦略とレッドオーシャン戦略という

言葉をよく使います。

おさらいしましょう。**ブルーオーシャン戦略とは、競合相手の少ない成長市場（ブルーオーシャン）を見つけて注力する戦略**であり、**レッドオーシャン戦略とは、競争相手が多くて乱開発された市場（レッドオーシャン）を避ける戦略**を指しています。

会社が新たに事業を起こすなら、レッドオーシャンを避けてブルーオーシャンを目指すべきでしょう。多くのコンサルティング会社も、そう助言するに違いありません。

しかし、会社の新規事業と個人の副業では、事情がまったく異なります。

副業でブルーオーシャンへ果敢に漕ぎ出たとしても、そこは新しい市場ですから、十分な需要（WANT）があるとは限りません。

**いかに好き（WILL）×得意（CAN）でも、そのブルーオーシャンに需要（WANT）がなかったら、絵に描いた餅**。継続性が低く収益化も難しくなります。その先に、独立・起業といった未来予想図も思い描けないでしょう。

**副業は、前人未到の道なき道を歩むのではなく、誰かがとっくに切り開いて、ビジネスとして成り立っているマーケットで勝負すべき**。その方が、成功する確率は上がります。

たとえば、私が副業から独立・起業したコーチングというビジネスも、20～30年前なら成立しなかったでしょう。コーチングには昔から潜在的ニーズはあったのですが、ブルーオーシャンで顕在化《けんざい》していなかったので、20～30年前にビジネスとして成立させるのはかなり大変だったと思います。

その点、**レッドオーシャンなら、市場が成熟して競争相手が大勢いるくらいですから、確実に需要（WANT）が存在しています**。

そこに好き（WILL）×得意（CAN）が組み合わさったら、好き（WILL）×得意（CAN）×需要（WANT）というゴールデンルールで理想の副業が成立するのです。

マーケティングでレッドオーシャンを避けるべきだと説いているのは、月商数十億円といった規模の大きなビジネスを考えている企業相手だから。

競争相手が多い市場にあとから乗り込み、新たにそのスケールのビジネスを成功に導くのは、確かにひと苦労でしょう。

しかし、個人の副業はせいぜい月商十数万円から数十万円というレベル。ビジネススケールが企業とはまるで違います。

そのくらいの**小さいスケールであれば、レッドオーシャンでも十分に勝負できる余**

**地は残されている**のです。

もっと言うと、副業を始めるのに、世の中にこれまでなかったサービスや奇を衒《てら》ったビジネスを考える必要はありません。仮にそのアイディアを思いついたとしても、需要（WANT）がなく、企画倒れで終わる確率が高いでしょう。

レッドオーシャンなら需要（WANT）の心配はありません。それが保証されているのが、レッドオーシャンのメリットなのです。

レッドオーシャンでは、サービス・商品を供給するライバルも多いので、そこでキラリと光り輝くためには、単価が少し安いとか、スピードがちょっとだけ速いといった差別化が求められる場面もあるかもしれません。

でも、それは先々の話。出だしはそういう細かいことを考えなくてもOK。何しろ需要（WANT）に恵まれているのですから、差別化ポイントがとくになくても当座は乗り切れるでしょう。あとは、**やり始めてから、自分らしさを出していけばいいの**です。

## 自己流は事故ります。はじめは「真似《まね》」でいいのです

「守破離《しゅはり》」という言葉をご存じでしょう。茶道や武道の修行の段階を示したものであり、茶の湯を極めた千利休の教えだとされています。

これは次の3段階を意味しています。

**守……師匠や流派の教え、型、技などを忠実に守る**

**破……他の師匠や流派の教えなどにも触れて、良いものは取り入れて既存の型を破る**

**離……既存の教えや型などから離れて自由になり、オリジナルの流儀を確立する**

守破離は、日本の茶道や武道だけに当てはまるわけではないと思います。

現代美術を変えたキュビズムの創始者の一人パブロ・ピカソだって、最初からキュビズム的な絵画ばかりを描いていたわけではありません。

美術学校で古典的な絵画を学び、青を基調とした地味で内省的な「青の時代」を経て、アフリカ彫刻などのプリミティブ（原始的・野生的）アートに影響を受けながら、既存の型を崩して最終的にキュビズムへ辿《たど》りついたのです。「守」と「破」があったからこそ、キュビズムという「離」が生まれたのでしょう。

副業においても、守破離の考え方は大変参考になります。**「守」も「破」もすっ飛ばして、いきなり「離」から始めて自己流でスタートさせると事故る、つまり失敗する危険性が高い**のです。

「自己流は事故る」というと単なる駄洒落のように聞こえますが、案外、副業の本質を突いていると私は思っています。

自己流で事故る失敗例は、副業業界にはたくさん転がっています。典型的なのは、次のようなストーリーです。

いつまで経ってもサラリーを上げてくれない会社に愛想《あいそ》を尽かして、副業で稼ぎたいと一念発起。インターネットで「副業の始め方」といったサイトを片っ端から検索。

付け焼き刃の知識を得て、「コーチングなら、初期費用ゼロ円で始められて、毎月最低でも10万円は稼げそうだぞ！」と皮算用《かわざんよう》を弾き出し、好きでも得意でもなく、とくにやりたくもないコーチングを始め、いきなり友達や同僚をメールで強引に勧誘。警戒されて信頼を失い、人脈を失うばかりでクライアントは一向に増えてくれない。

そういう類いの失敗例をよく見聞きするのです。

自己流で始めるのがＮＧだとしたら、どうやって副業を始めるべきでしょうか。

答えはカンタン。**焦らず、驕《おご》らず、「守破離」の第一段階、「守」からコツコツ始めればいいのです。**

手始めに、**副業で成功しているケーススタディをとことん研究して、自分のライフ**

**スタイルや生活にフィットしそうなものを見つけます。**

この作業にたっぷり時間をかけないと、「コーチングなら何となく儲《もう》かりそう！」といった安易な思い込みによる失敗につながりかねません。

自分の好き（WILL）×得意（CAN）なフィールドで、**お手本になりそうな副業をしている人の事例を見つけたら、その人を〝心の師匠〟として勝手に弟子入りするつもりで、そのノウハウをみっちり学び、そっくりそのまま真似してみてください。**

新しい分野で成功者がまだ限られているブルーオーシャンではなく、これまで多くの成功者を輩出しているレッドオーシャンでなら、真似してみたいという〝心の師匠〟を見つけるのにそう苦労しないでしょう。

先行して高いパフォーマンスを上げている企業や組織の成功事例を徹底的に学び、それを真似る（ベンチマークする）という手法は、ビジネスの世界ではすっかり市民権を得ています。

ブルーオーシャンへと漕ぎ出す新規ビジネスなら、最終的には世の中にこれまでなかったイノベーションを生み出し、つまり「離」へと至る必要があるかもしれません。

しかし、副業なら守破離の「守」までで十分です。

そこで場数を踏みながら、自分なりのノウハウを蓄積して独立・起業を考えるようになる過程では、いつの間にか守破離の「破」へと進化することもあるでしょう。ただし、副業を始める際、そこまでのビジョンを持つ必要はないでしょう。

## もっともお薦めの副業は、スキルエンサー副業です

ここまでのところをまとめましょう。

- **好き×得意×需要の３要素が重なるところが、選ぶべき副業である**
- **すでに副業として成立しているレッドオーシャンで勝負すればスベらない**
- **自己流に走らず、成功している副業を徹底的に真似てみる**

この3原則を踏まえたうえで、お薦めしたい副業があります。

それが他ならぬ**「スキルエンサー副業」**です。

「スキルエンサーって何？　インフルエンサーなら聞いたことがあるけど？」

そう思う読者が大半だと思います。

インフルエンサーという言葉は、女性アイドルグループの流行歌のタイトルに使われるほどポピュラーなもの。ＳＮＳといったメディアを介して、多くの人に影響（インフルエンス）を与える人たちのことを指しています。フォロワーの数が多く、影響力が極めて強いユーチューバーやインスタグラマーがその代表格です。

インフルエンサーを本業として成功している人の名前は、各種メディアで毎日のように目にします。ですから、そんな生き方、働き方に憧れを持つ人も多いでしょう。

いまからインフルエンサー的な生き方、インフルエンサー副業を志す手もありますが、その成功率は高くはないでしょう。競争と淘汰が激しい分野ですし、多くの人がこれから新たにインフルエンサーになれる確率は極めて低いからです。

（影響を与える人の数が増えすぎたら、その影響に従う人の数は相対的に少なくなり、インフルエンサーという存在自体が危うくなります）

インフルエンサーとは違うことはわかったとして、スキルエンサーというのは一体どういう働き方なのでしょう。

話はとてもシンプルです。

**スキルエンサーとは、スキル＝その人が持つ技術とそれに伴う経験を価値に変えて**

**提供する働き方**。それを副業とするのが、**スキルエンサー副業**です。

スキルのうちでも、好きで得意でやりがいを感じるものを選び、先行して副業として成立しているかどうかをチェックします。複数の成功例があれば、そこに需要があり、レッドオーシャンである証拠。その成功例を真似ることで成立するのが、スキルエンサー副業なのです。

## あなたの気づかないスキルギャップにスキルエンサーとして活躍できる余地があります

副業を始めるなら、スキルや体験を活かしたスキルエンサー副業がいいと助言すると、次のような疑問の声が上がります。

- **高度なスキルがないと難しいのではないか**
- **自分が価値として提供できるスキルはなさそう**

はっきり言いましょう。それは、どちらも杞憂《きゆう》。**スキルエンサー副業は、高度なスキルや豊かな体験を持っている人しかできない副業ではない**のです。

スキルエンサー＝高度なスキル・豊かな体験の持ち主という誤解は、スキルや体験に関する誤解に由来していると私は思います。

営業スキル、動画編集スキル、表計算スキル、事務スキル、秘書スキル、人材育成スキル、片付けスキル、ヨガスキル、コーチングスキル、カウンセラースキル、占いスキル、スマホスキル、写真スキル、パワポスキル……。これまでの学び、仕事、趣味などを通して、誰でも何かしらのスキルを身につけています。

こうした**スキルを価値として提供するのが、スキルエンサー副業**です。

多くの人たちは、「自分は確かに営業畑が長いけど、営業スキルと呼べるほどのものを持ち合わせていない」とか「動画編集は一応できるが、もっと上手な人はたくさんいる」といった感覚に陥りがち。だからスキルエンサー副業は無理だと思い込んでいるのです。

それが間違いのもとです。

縦軸にあるスキルのレベル、横軸にそのスキルを持つ人の数を取り、**「スキルピラミッド」**を描いたとしましょう。そして、下段から、**スキルなし、初級スキル、中級スキル、上級スキルという4つのレベル**に分けてみます。

高度なスキルを持つ人ほど数は少なくなります（だからピラミッド型を描くのです）。ここでもっとも分厚い分布は、いちばん下段の「スキルなし」層です。

大半の人がスキルなしだとしたら、「自分なんて初心者」だとか、「一応できるけど、もっと上手な人がいる」といった人たちも、スキルなしの階層に対しては十分にスキルを提供できます。この状況を、私は**「スキルギャップ」**と名付けています。

たとえば、**ネイティブには笑わ**

［スキルピラミッド］

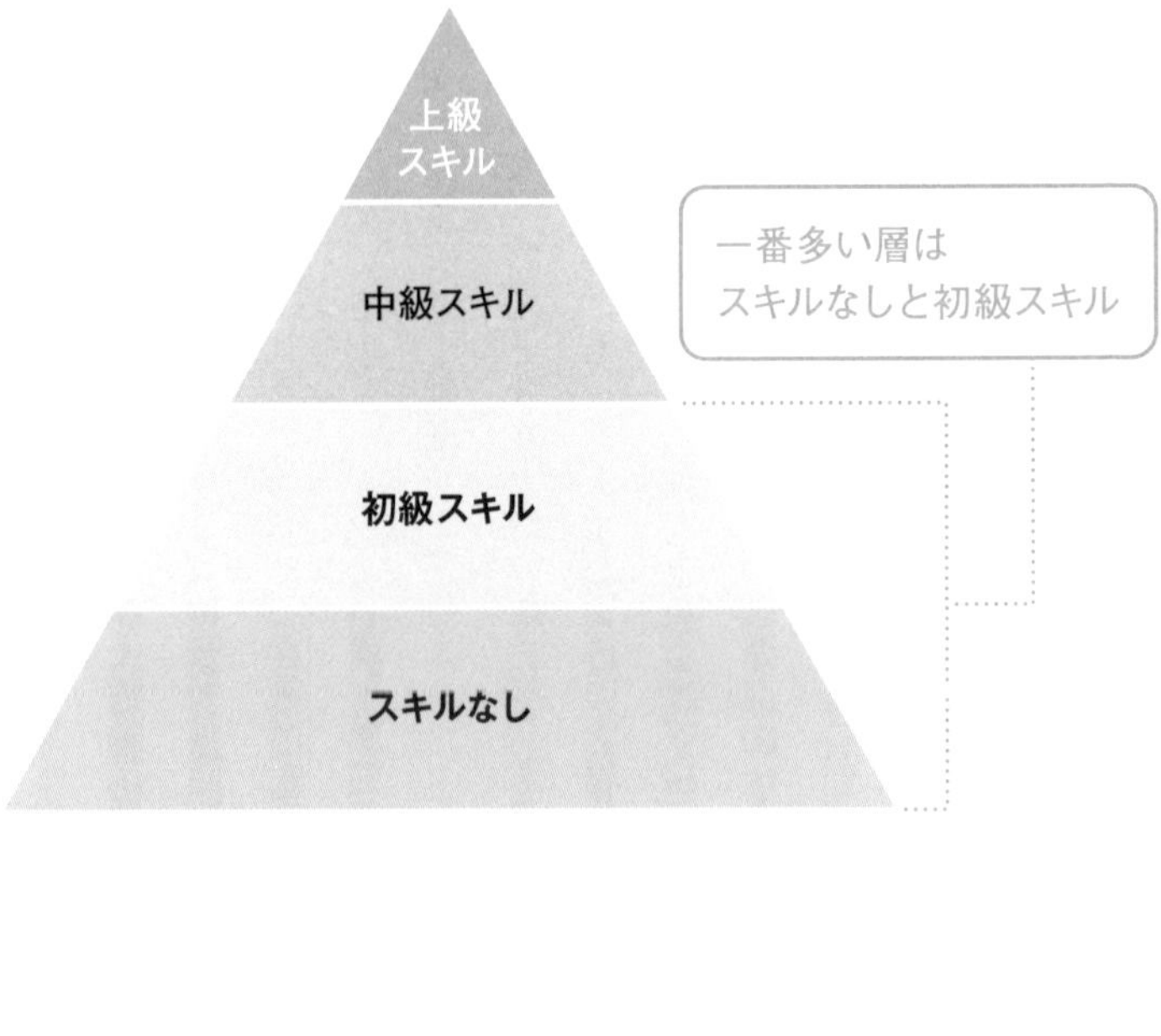

**れるレベルの英語力でも、アルファベットを習い始めたばかりの小学生よりもずいぶんスキルがあります。**ネイティブ並みに英語がペラペラでないと、英語というスキルが役に立たないわけではないのです。

**スキルギャップが少しでもあれば、誰でもスキルエンサーになり得ます。**ことに、会社員は多くのスキルを持っていますから、スキルギャップを活かしてスキルエンサー副業を立ち上げることができます。

その意味では、会社員＝スキルギャップの持ち主＝スキルエンサー予備群と言っても過言ではないでしょう。

ただし、**多くの会社員は、まわりが同じようなスキルを持っている人ばかりで、スキルギャップの存在に気づきにくい**のが現状。

自らがスキルエンサー予備群という自覚に乏しいままなので、副業へと新たな一歩を踏み出しにくいという事情があります。

たとえば、長年営業職を続けてきて、新たな商品・サービスをクライアントに向けて説明するために、「パワーポイント」で毎週のようにプレゼンテーションのための資料をつくり続けていたとしましょう。

本人にとってはいつものルーティンワークであり、自分の同僚たちも難なくこなしているカンタンな作業だという思い込みが強いかもしれません。

でも、**パワーポイントをまったく触ったことがない人、プレゼンを一度もしたことがない人にとっては、そういう営業マンは〝パワポマスター〟〝プレゼンマスター〟と呼びたくなるようなスキルエンサー**です。

同じように、会社の経理部ではイマイチ要領が悪く、先輩方から落ちこぼれのレッテルを貼られているとしても、経理のケの字も知らない人にとってはスキルエンサーです。同じく会社の法務部では劣等生扱いされているとしても、法律と無縁の人たちにとってはスキルエンサーになり得るのです。

## できないことができるようになった体験は、あなたの宝物です

会社員になって最初に配属された営業部で苦労を重ねて、同期入社に営業成績で後塵を拝する時期が長く続いたのち、数年経ってようやく一人前の営業マンになった人がいるとします。

そういうタイプこそ、**コーチングやカウンセリングといった対人サポート系のスキルエンサー副業に向いている**と私は思います。この例で言うなら、**営業サポート系のスキルエンサー副業に向いている**のです。

「いやいや、自分は同期よりも営業センスがなくて散々苦労したのだから、営業に関するスキルエンサー副業なんてダメに決まっている。むしろ最初から営業成績が良かった同期の方が向いているでしょ」と思うのは、間違い。

**できないことができるようになった、ビフォー&アフターの落差（ギャップ）が大**

**きい人ほど、対人サポート系では提供できる価値が大きい**からです。

ちょっと考えてみてください。

英語を習うなら、アメリカ生まれのネイティブスピーカーと、苦労して英語をマスターした日本人となら、どちらを選ぶべきでしょうか。

あるいは、水泳を習うなら、3歳からプールに通い始めて競泳の日本代表に選ばれた経験もあるトップスイマーと、金槌《かなづち》だったのに大人になって泳ぎをマスターした人なら、どちらがいいのでしょうか。

正解は、**英語を習うなら苦労して英語が話せるようになった日本人であり、泳ぎを習うなら元金槌の苦労人**。

アメリカ生まれのネイティブスピーカーは、正しい発音を身につけるには良いお手本になってくれるでしょう。トップスイマーも、キレイなフォームの良きお手本になってくれるに違いありません。

けれど、生まれたときから英語が話せるネイティブに、英語が話せない日本人の悩みや苦労はわかりません。同じように、子どもの頃から難なく泳げているトップスイマーに、金槌の悩みや苦労は理解しにくいでしょう。

苦労して英語をマスターした日本人や元金槌のスイマーは、ビフォー&アフターのスキルギャップが激しい分だけ、英語が話せない人や泳げない人の気持ちがわかるので、その悩みに寄り添い、どうすれば上達できるかを自らの経験を踏まえて丁寧に教えてくれるでしょう。

その意味では、あなたが**最初から得意だったことよりも、不得意だったものを克服したものにこそ、本当の価値があります**。

いまも似たようなことに苦しんでいる人たちに向けて、スキルエンサーとして価値提供できる可能性が高いのです。

私自身、かつては自己肯定感がとても低く、初めての人と話すのが苦手な対人恐怖症の面もありました。それを克服するために、自己投資を重ねてめちゃくちゃトレーニングを重ねた経験があります。その経験が、いまコーチングをする際に、大いに役立っているという実感があるのです。

## プロ級のスキルは必要ないのです

ここで、私が最近実感した**スキルギャップ**の話をしましょう。

先日雑誌の取材で撮ってもらった女性フォトグラファーの写真がとても素敵でした。彼女に撮ってもらった写真はナチュラルで親しみやすい雰囲気が出ていたのです。

撮影の合間に雑談を交わしているうちに、彼女は数年前まで〝平凡な〟家庭の主婦だったことがわかりました。

彼女は、子どもの成長記録や手料理の写真をスマホで撮っているうちに、子どもから「お母さんの写真、大好き！」と褒められたり、ママ友から「写真、上手ですね〜。どうやったら、そんなにうまく撮れるの？」などと聞かれたりする機会が増えました。

夫が「ママの写真、仕事になるかもしれないよ」と言ってくれたのが決定打となり、副業としてフォトグラファーを始める気になったそうです。

**「写真を撮るのは小さい頃から好きでしたが、カメラを専門的に学んだことはありませんでしたから、仕事になるとはこれっぽっちも思っていませんでした」**と彼女。

これぞ、スキルギャップがスキルエンサー副業を生んだ典型例だと思います。

フォトグラファーというと、専門的な技術と表現力を備えた人だけがなれるものという先入観があります。

でも、**元〝平凡な〟家庭の主婦のフォトグラファーのように、そこまでの技術や表現力がなくてもスキルエンサー副業にできます。**

スマホさえあればいつでも誰でも写真が撮れる時代ですが、誰もが毎度上手に撮れるわけではありません。彼女のように、頭一つだけでも抜きん出るスキルがあれば、スキルギャップによって副業として成立するのです。

## スキルエンサー副業では、2つの自由が手に入ります

スキルエンサー副業には、大きく2つのメリットがあります。
会社員だけでは得られなかった、2つの自由が手に入るのです。

**スキルエンサー副業で得られる2つの自由**

❶ お金の自由
❷ 心の自由

### ❶ お金の自由

副業を始めた人が初めに感じるのは、お金の自由が得られることでしょう。

サラリーの額はだいたい決まっていますし、いまの日本の経済状況を考えると、賃上げが急速に進むことも考えにくいでしょう。

サラリーに副業で稼ぐ分がプラスできたら、それだけできることが広がります。お金に余裕があると、夕飯の外食先の選択肢が広がりますし、週末に出かける場所のチョイスだって広がります。パートナーに素敵な贈り物をする機会も増やせるでしょう。

スキルエンサー副業は、初期費用や固定費がかかりません。在庫も抱えないので、出費を心配する必要がないというのも大きなメリットです。

## ❷心の自由

これまであまり触れられなかった**副業のプラスの作用の一つに、自己肯定感が高まることがある**と私は思っています。

改めて定義すると、自己肯定感とは、「ありのままの自分でいいんだと肯定する感覚」のこと。自らの価値を積極的に評価できるようになり、本業にもプライベートにも前向きに取り組めるようになります。

逆に、自己肯定感が低くなりすぎると、「自分には何の価値もない」と思い悩むようになり、それが続くとうつ病にまで発展する恐れすらあります。

ですから、昨今の不安社会、ストレス社会を健やかに生き抜くためにも、副業で自己肯定感を高めることが大切。**スキルエンサー副業は、副業のなかでもとくに自己肯定感が高まりやすいという特徴があります。**❶お金の自由は、他の副業でも得られますが、❷心の自由に関してはスキルエンサー副業がもっとも得られやすいのです。その理由はどこにあるのでしょうか。

ビジネスには、大きく分けると、BtoBとBtoCがあります。

BtoBは、ビジネスtoビジネスの略。メーカーとサプライヤー、元請け業者と下請け業者のように、企業と企業の間で行われる取引を意味しています。

BtoBで仕事をしている人は少なくありません。それだと、エンドユーザー（一般消費者）と触れ合うチャンスはないでしょう。その感想を聞くこともないでしょう。

それに対してBtoCは、ビジネスtoコンシューマー（またはカスタマー）の略。企業とエンドユーザーの間で行われる取引を意味しています。

BtoBに比べると、BtoCではエンドユーザーにより近いビジネスを展開できますが、エンドユーザー一人ひとりとダイレクトに触れ合うことは滅多にありません。

たとえば、ビール会社はBtoCの典型的なビジネスですが、ビール好きのエンドユーザーと触れ合い、「うちは祖父母の代から、おたくの大ファン。独特の苦味が好き。これからも頑張ってよ！」などと声をかけられる機会はほぼほぼないでしょう。

対照的に、スキルエンサー副業はエンドユーザーと直に触れ合いますから、彼らからダイレクトに感謝されることも少なくありません。

**スキルエンサー副業は、自らの好き×得意を活用しながら、価値提供にやりがいが持てる副業**です。しかも**クライアントから直接感謝されますから、自己肯定感が高まり、ストレスからフリーになり、心の自由が得られる**のです。これは、ネットワークビジネス、転売ビジネス、アフィリエイトといった〝やってはいけない副業〟にはない、スキルエンサー副業の見逃せないメリットです。

お金と時間が自由になったとしても、やりがいに乏しかったり、自己肯定感が高まらなかったりすると、ストレスが知らない間に溜《た》まり、心は苦しいまま。

それでは、たとえ稼ぎが良かったとしても、副業は長続きしないでしょう。ストレスを抱えたままだと、本業にも悪影響を及ぼす恐れもあります。

スキルエンサー副業で心の自由が得られると、精神的なゆとりが生まれて本業にも良い影響が出るでしょう。

プライベートも満ち足りて家族との時間も大切にできるようになりますから、幸福度はさらにアップするに違いありません。

# スキルエンサー副業に格別な資格は必要ありません

「副業をするなら、資格が必要ではありませんか？」という質問がよく寄せられます。

結論を先に言うと、副業に必ずしも資格は必要ありません。

たとえば、フォトグラファー、ライター、スタイリスト、ミュージシャン、俳優といった職業についている人は大勢いますが、いずれもこれといった資格があるわけではありません。極論すると、名刺に「フォトグラファー」と肩書を入れたら、誰でも今日からフォトグラファーを名乗れるのです。

会社員だって何かの資格があって仕事をしているわけではないでしょう。

**スキルエンサー副業で問われるのは、クライアントが満足するだけのスキルを持っているかどうか。**それだけです。

弁護士、税理士、司法書士、医師、建築士、介護福祉士、気象予報士、管理栄養士などのように、国家資格がないと名乗れない職業もたくさんありますが、スキルエンサー副業に限らず、副業で国家資格が必要なものは稀《まれ》。

副業絡みの資格制度があるとしても、これといった受験資格がなく、通信教育などで手軽に取れるような民間資格であるケースがほとんど。秘書、心理カウンセラー、インテリアコーディネーター、収納アドバイザー、アロマセラピストなどです。これらは、資格認定機関がビジネスとして行っているものだと捉えた方がよいでしょう。**その人に期待するスキルさえあれば、スキルエンサー副業に関して資格の有無を気にするクライアントはいないと安心していい**でしょう。

日本人は資格が大好き。資格取得のために勉強して特定の分野を深掘りするのは悪くないと思いますが、資格取得がゴール化してはナンセンス。TOEICで900点取っても、英語でうまくコミュニケーションが取れない人もいます。

本音を言うと、私自身はアンチ資格派。資格取得自体が目的化するようなら、取得にかける時間で自分のスキルを磨いた方が何倍も有益なのです。

## 優秀な人だけが副業で成功したり、独立・起業できたりするわけではありません

私の副業セミナーの受講者には、「私は平凡な会社員だから、副業で稼げるとは思えません。独立・起業なんて夢のまた夢です」と言う人も少なくありません。

副業セミナーに参加する意欲のある人でもそうなのですから（もちろん、そこには謙遜《けんそん》も少なからず入っているでしょう）、セミナーに参加するつもりもない会社員には副業や独立・起業は自分には無縁の話だと思い込んでいる人は多いでしょう。

でも、平凡な人が会社員という枠に留まり続ける一方、非凡で優秀な人だけが副業やその先の独立・起業を果たしているわけではありません。

それは、会社員から副業を経て独立・起業を果たした私の偽らざる実感です。

独立・起業してからも、私は多くの会社員たちと仕事をしています。そこで改めて感じるのは、第一線で活躍している彼らの優秀さです。

会社員の多くはマルチタスクで複雑な業務を日常的にこなしています。ITスキルも総じて高く、コミュニケーション能力にも優れています。配置換えがあったとしても、短期間で必要となるスキルを身につけて、組織から求められるパフォーマンスを発揮する柔軟性も備えています。

副業、独立・起業では、やりたいことに絞って仕事をしていますから、**マルチタスク&どんな仕事でも柔軟にこなせる能力は、むしろ会社員の方が上**だと私は思っています。

自分は平凡だと思い込んでいるとしたら、それは前述のようにまわりに同等のスキルを持つ会社員が多数いるから。

**部外者から見たら、その〝平凡な〟スキルでも非凡な場合が少なくありません。**そこを突破口にスキルエンサー副業に結びつけていけばいいのです。

優秀なのに会社員としての既存の枠に留まり続ける人と、一歩前に踏み出して副業を始める人と違いはどこにあるのでしょうか。

**両者の差は、つまるところ、リスクの許容度にある**と私は思います。**リスクの許容**

**度が高く、多少のリスクが取れる人は副業を始めており、リスク許容度が低すぎて、小さなリスクでも怖がる人は始めの一歩が踏み出せない**のです。

日本人が世界で類を見ないほどの貯蓄好きであり、株式などへの投資に及び腰なのは、リスク許容度が低い人が多いためだと言われています。

お金や人脈を失うリスクがある〝やってはいけない副業〟もありますが、私が推奨しているスキルエンサー副業は目立ったリスクを伴いません。

人間は正体のわからないものを怖がり、リスクを感じます。正体がわかってくると、リスクをそれほど感じなくなるもの。昔のナイキのスローガン（「Just Do it（とにかくやってみろ）」ではありませんが、まずは始めの一歩を踏み出しましょう。

副業の経験を積んでいるうちに、「副業で稼ぐというのは、こういうことなんだな」と少しずつわかるようになります。もっと経験を重ねているうちに「その延長線上での、独立・起業も悪くないかもしれないな」とリスクの許容度は高まるもの。

それでも怖いなら、手始めに無料の趣味・ボランティアからスキルエンサー副業にトライしましょう。

## とりあえず、始めましょう。始めれば見える景色が変わり、未来が変わります

なぜか、私は会社員時代から「下釜さんは会社員タイプではない。いつか独立・起業するタイプだよね」と知り合った人から言われることがよくありました。

そう言われても、私はピンと来ませんでした。

なぜなら、**私自身は将来独立・起業するという明白なビジョンを胸に抱きながら、会社員生活をしていたわけでない**からです。

意外に思われるかもしれませんが、リスク許容度は高い方かと問われると、私は決して高い方ではないと自負しています。

スキルエンサー副業としてコーチングを始めたタイミングでも、近い将来に独立・起業をするという明確なプランがあったわけではないのです。

週末に副業を始めてみると、そうした考え方が徐々に変わってきました。
**「こういう生き方、働き方があってもいいんだ」という気づきがあり、本業よりも、イキイキと副業に励んでいる自らの姿を我ながら好ましく思えるようになってきた**のです。

自分でも「こんなにイキイキできて充実感があるなら、いっそ会社を辞めて独立・起業するのも悪くないな」と思い始めましたが、「いつやる？　今でしょ！」と言えるタイミングがいつ来るのかは見当もつきませんでした。

**煮え切らない、優柔不断な私の背中を押してくれたのは、妻でした。**

彼女自身は、フリーランスで声の仕事（声優）を15年以上続けていました。独立・起業という意味では、私の大先輩です。

彼女は職業柄、声からいろいろな情報を取るスキルがあります。そんな彼女がある日、私にこう言いました。

**「会社員として働いてきて帰ってきた日と、週末に副業を終えて帰った日では、声の調子が明らかに違う。副業を終えた日の方が、声から察するに明らかに調子がいいわ。あなた自身のためにも、そして社会のためにも、会社を辞めて、いまの副業を本業に**

**して独立・起業した方がいいんじゃない？」**

続けて彼女は、「だから、早く会社を辞めた方がいいよ。明日辞表を出してきたら？」と畳《たた》み掛けるようにアドバイスしてくれました。そうでないと、優柔不断な私がアクションを起こさないと心配してくれたのでしょうが、さすがに突然辞表を出すと現在進行形の仕事の関係者にも、勤めている会社にも、多大な迷惑をかけてしまいます。

それでも、彼女のこの少々過激なアドバイス&激励が引き金となり、準備を重ねながら、その半年後に会社を辞めて独立・起業するという道を歩み始めたのです。

**独立・起業を果たしてみると、本業のみだった会社員時代、本業＋副業の二刀流だった時代とは、見える景色が劇的に変わりました。**

**リスクだと勝手に思い込んでいた事柄が、視点を変えるとリスクではないと納得できることも多々ありました。**

こうした体験を踏まえて言わせてもらうなら、好き&得意であり、似たような副業をしている先達がいて需要が期待できるなら、副業をやろうかどうかを悩むのは時間の無駄。いますぐにスキルエンサー副業を始めてみましょう。それで見える景色が変わり、未来を前向きに変えるチャンスとなるでしょう。

副業実例

4

## 会社員として当たり前のスキルが感謝の対象となり、副業になります

Mさん（50代、男性）

本業：大手新聞社勤務　副業：オンラインイベント運営支援

月収：平均５万円、最高50万円

ＤＸ化で先行している大手新聞社勤務のＭさんにとって、ＩＴの扱いは手慣れたもの。ことにコロナ禍以降に一気に広まったウェブ会議サービス「ＺＯＯＭ」は、社員同士のコミュニケーションに不可欠な存在であり、オンラインストレージサービスを介した情報共有なども社員として最低限必要なスキルでした。

もともとＩＴオタクで、ウェブ会議サービスやオンラインストレージサービスを使いこなすのが得意だったＭさん。

社内では、ITの〝便利屋〟としてトラブルが起こるたびに「ちょっと教えてくれよ」と頼りにしてくる先輩や同僚に教えていましたが、「そのスキル、副業にできちゃうレベルですよ」と周囲に指摘されて、Mさんは「好きで得意な自分のスキルに需要があり、価値がある」という事実に改めて気づかされました。

副業を持ったMさんは、私たちの副業スクールに通ってくれました。

そこで再発見したのは、思いもよらないスキルギャップの大きさ。

平凡だと思い込んでいた自らのスキルに対して、私たちの副業スクールや、社外コミュニティでは「ここまで使いこなせるのはすごい。今度、詳しく教えてください」という声が多数寄せられて、高く評価されることにびっくりしたそうです。

スキルギャップを活かした副業を始めると決意したMさんは、過去に自分が参加したセミナー主催者にコンタクト。**「イベントをオンライン化するつもりなら、ボランティアで手伝いますよ」**と声をかけたところ、「ぜひお願いします」という反応が多数返ってきました。コロナ禍が進行しており、対面でのセミナー開催に代わり、オンライン開催が盛んになってきた時期だったことも、追い風になったのです。

勤務先でも、セミナーやイベントの大半がオンライン開催となり、Mさんはその運営・管理責任者を任されることになりました。他の社員はオンライン会議の経験くらいしかなかったのに、Mさんは副業で多くのセミナーやイベントを無事成功させている経験があったので、自ら立候補したのです。その後、**運営・管理責任者としての仕事ぶりは社内からも高く評価されるようになった**そうです。

副業がダイレクトに本業に生きた好例ですね。

ボランティアを経て副業を有料化するにあたり、「時給1000円だとコンビニのアルバイトと同じだから安すぎる」と考えたMさんは、**「せめてその2倍の時給2000円にしよう」と最初の価格を設定**。

有料化後も、「Mさんに頼むと、セミナーやイベントのオンライン開催がスムーズにできる」「急なトラブルにも、余裕で対応してくれて助かった」といった評判が広がり、ほとんど営業活動をしなくても、口コミで顧客が増えていきました。

初めは時給制にしていたのですが、本業の他に割ける時間には限りがあるため、仮に需要が増えたとしても、売り上げを伸ばすには限界があります。早々にその「沼」を実感したMさんは、**時給制から成功報酬制へとシフトチェンジ**しました。

その後、Mさんは独立・起業を果たしますが、**本業の傍ら、副業として取り組んでいた段階でこうした「沼」の存在を知り、それを乗り越える仕組みをつくっておくのは、とても重要**だと思います。独立・起業してから、思わぬ「沼」にハマりそうになると、焦ってしまい、冷静に対処するのが難しいケースもあるからです。

副業は家族には内緒にしていたのですが、最初の収入を得て即座に、Mさんは家族といつもよりも少し贅沢な外食を楽しみました。

そこで「**いつも会社で普通にやっていることが、副業で多くの人に役立ち、とても感謝されるうえにお金がもらえる。そのお金で今日はちょっと贅沢ができたんだよ**」と説明。妻は「そんなことがお金になるの？」と驚きながらも、美味しい料理が楽しめて大変喜んでいたそうです。

それから、**家族もMさんの副業に関心を持ち、理解し、賛同して応援してくれるようになりました。「家族の壁」があっという間に乗り越えられた**のです。

家族の理解・賛同・応援があったからこそ、より大きな収入を得られるようになった段階で「そろそろ本業を辞めて起業・独立を考えている」と打ち明けたMさんに反対意見が出ることもなく、家族が全力でサポートしてくれました。

副業以上に、独立・起業には、家族の助けが欠かせません。Mさんのように、**副業の段階で家族を応援団にしておくと、先々の展望も開けやすくなる**のです。

第5章

# 副業を成功へ導くメンタルの整え方を知りましょう

## **「思い込み」を手放してください**

副業のスキルやノウハウを語る本やメディアはたくさんあります。

でも、**その多くが見逃しているのがメンタルを整えること。**メンタルを整えない限り、副業は成功できないのです。

この章では、**副業を成功させるために、メンタルを整える方法**を考えてみます。

真っ先に取り上げたいのは、**「思い込み」**です。

偏《かたよ》った思い込みがあると、副業をなかなか始めることができず、始めたとしてもうまくいかないケースが少なくありません。逆に、**悪《あ》しき思い込みを手放すことができたら、副業を容易に始められて成功へ導ける**のです。

思い込みを心理学的に定義すると、**「過去の経験から、個人の特定の解釈が固定化している状態」**をいいます。

思い込みは、物事を考える前提であり、物事の捉え方（認知）のベースとなります。その多くは、子どもから大人へ、心が発達するプロセスで無意識に学習・固定化されており、大人になってからではその存在にすら気づきにくいという特徴があります。

たとえば、子どもの頃に、父親からきつく躾《しつけ》られて、それこそ「地震、雷、火事、親父」を実感していた人には、「父親＝怖い」という思い込みがあるでしょう。けれど、誰もが「父親＝怖い」と思っているわけではありません。

私の場合、父親は子どもの頃にいつも優しく接してくれましたから、「父親＝優しい」という思い込みがあります。

さらに、思い込みには、次の2つのタイプがあります。

❶ 自分に対する思い込み（セルフイメージ）
❷ 自分以外に対する思い込み（ビリーフ）

それぞれについて解説しましょう。

## ❶自分に対する思い込み（セルフイメージ）

**自分への思い込みを「セルフイメージ」**といいます。プラスとマイナスがあり、副業にネガティブなマイナスのセルフイメージには次のようなものがあります。

- **私には、副業できるほどの価値がない**
- **私は、セールスが苦手である**
- **私は、本業以外でお金を稼げない**

プラスの思い込みの例も挙げておきましょう。こちらは副業にポジティブな影響を与えるセルフイメージです。

- **私には、才能がある**
- **私は、イケている存在である**

私自身、何の根拠もないのに、学生の頃から「自分は他人から嫌われている」という負のセルフイメージがありました。

社会人になり、初対面のお客さんと名刺交換する際、私は相手の目を見て挨拶をしようとしているのに、たまたま相手が目を見て話してくれなかったりすると、（単に相手が失礼なだけなのに）「あ、僕は第一印象があまり良くないから、嫌われているんだ」と勝手に思い込んでいました。

## ❷自分以外に対する思い込み（ビリーフ）

自分以外に対する思い込みとは、**自分以外の事柄に対して「きっとそうに違いない」と固く思っているもの。**心理学用語で**「ビリーフ（信念）」**といいます。

ビリーフにもプラスとマイナスがあり、副業や仕事に対するマイナスのビリーフは副業にネガティブな影響を与えます。それは次のようなものです。

- **副業は、上級レベルのスキルがないとできない**
- **情報発信は、価値があるものでないと意味がない**
- **10年以上の経験を積まないと、何事も一流になれない**

● **一流にならないと稼げない**

プラスの思い込みの例も挙げておきましょう。こちらは副業にポジティブな影響を与えるビリーフです。

● **副業は、誰でもできる**

● **何事も一流でなくても稼げる**

マイナスのセルフイメージとマイナスのビリーフを次のように無意識に掛け算すると、いつまで経っても副業には前向きな気持ちになれないでしょう。

● **セルフイメージ（一）** ⬇ **私は、副業するほどの価値が出せない**

● **ビリーフ（一）** ⬇ **副業は、上級レベルのスキルがないとできない**

こういう思い込みの残念な掛け算があると、成功するポテンシャルは十二分なのに、いつまでも副業の最初の一歩が踏み出せません。

ところが、次のようなポジティブな思い込みの掛け算ができたら、果たしてどうなるでしょうか。

- **セルフイメージ（＋）⬇ 私は、価値が高いスキルを持っている**
- **ビリーフ（＋）⬇ 副業は、上級レベルでなくても価値が多くの人に伝わる**

このような思い込みがあれば、副業に対して前向きに向き合い、良い結果を出す可能性が高くなるのです。

## ネガティブなセルフイメージ×ビリーフの外し方

ネガティブなセルフイメージ×ビリーフを外すための方法を、紹介していきましょう。それには次の3段階があります。

❶ネガティブなセルフイメージ、ビリーフを書き出す
❷ポジティブなセルフイメージ、ビリーフをつくる
❸ポジティブなセルフイメージ、ビリーフを定着させる

### ❶ネガティブなセルフイメージ、ビリーフを書き出す

前述のように、無意識レベルで定着しているセルフイメージやビリーフの実態を意識することは難しいもの。

それを書き出し、悪い思い込みを〝見える化〟するだけでも「気づき」があり、これを変えなければというアクションが取れるようになります。

### ❷ポジティブなセルフイメージ、ビリーフをつくる

ネガティブなセルフイメージ、ビリーフの存在に気づいたら、それをポジティブなものへと置き換えていきます。データを上書き保存するのです。

セルフイメージ（－）⬇私は、副業するほどの価値が出せない
▼
セルフイメージ（＋）⬇私には、副業できるスキルがある

ビリーフ（－）⬇副業は、上級レベルのスキルがないとできない
▼
ビリーフ（＋）⬇日常レベルのスキルでも、副業に成功できる

本書でこれまで述べてきた内容を理解していただけたら、このネガティブ→ポジティブへの書き換えはスムーズに進むと思います。

### ❸ポジティブなセルフイメージ、ビリーフを定着させる

最後のステップは、**ポジティブに書き換えた思い込みを定着させる作業**です。

長年の思い込みはなかなか頑固なもの。一度書き換えられたと安心しても、油断するとポジティブ→ネガティブへ復元しようとする力が働きます。その復元力に負けず、ポジティブな思い込みを心に深く刻み、定着させましょう。

そのためのもっとも簡単な方法は、「アファメーション」と呼ばれるもの。**「私はできる」「私はできる」といった自分に対する肯定的な宣言を繰り返し、それを無意識レベルに浸透させる**のです。

アファメーションに有効なのは、次のような手段でポジティブなセルフイメージやビリーフを刷り込む方法です。

- いつも持ち歩く手帳やスケジュール帳に書き込む
- スマホの待ち受け画面にする
- 洗面室の鏡やパソコンのディスプレイのように毎日必ず目を向けるところに付箋を貼る

どれもアナログな方法ですが、これにより、思い込みを徐々にポジティブに切り替えることができるようになり、それにつれて副業が成功に近づけるようになります。

ただ、「ネガティブなセルフイメージ×ビリーフを外す」この3つのステップは、実際にはセミナーでワークをやりながらじっくり取り組んでいるものです。

なので、なかなか、ポジティブなセルフイメージ、ビリーフが定着しないと落胆しないで、じっくり地道に行ってみてください。（すぐにできなくてもまったく問題ないですし、「ネガティブなセルフイメージ×ビリーフ」を書き出し気づくだけでも、大きな効果があります。ぜひやってみてください）

## セールスへの
## ネガティブな思い込みを変えましょう

副業で稼げるようになるには、セールスをする必要があります。

このセールスにブロック（心理的抵抗）を持つ人は少なくなく、**それが副業を始めて成功させるうえでの大きく高いハードルになっています。**

率直に言うと、私自身も、セールスに対するネガティブな思い込みがありました。それをうまく外すことができたからこそ、副業→独立・起業へと進めたのです。

セールスにブロックを持つタイプ、あるいはセールスと聞いただけで拒否反応を起こしてしまうタイプに共通しているのは、**【セールスの定義にネガティブな思い込み】があるという点です。**

セールスにネガティブな思い込みがあれば、副業に励もうとしても良い結果を招かないのは自明の事実。逆に、**セールスにポジティブな思い込みが持てるようになれば、**

**自然と副業で良い結果が得られるようになる**のです。

セールスに関するネガティブな思い込みの代表例を挙げましょう。

- **(売り手から)無理に売りつけられる**
- **(買い手に)嫌な顔をされる**
- **(売り手に)ノルマがある**
- **(買い手に)嫌われる**
- **(買い手から)断られるのが怖い**

どうでしょうか。当てはまる思い込みはありませんか?

このように、売り手である自分にも、買い手にもセールスに関する悪いイメージが先行していたら、セールスに前向きになれないのは当然なのです。

このような悪いイメージが先行している主な原因は、過去の経験です。

私の副業セミナーの参加者たちの声を一部紹介しましょう。

Kさん：
街頭で美容系のアンケートで呼びかけられて、それに応じたら近くのビルの会議室へ誘導された。そして自分には必要のない30万円もする高額な美容商品をローンで買うようにしつこく勧められた。2時間ほど我慢したのち、最終的には勇気を出して「要りません。私帰ります！」と部屋を飛び出て事なきを得た。

Sさん：
気楽な気持ちで着物の展示会に出かけたら、ある着物店から長時間にわたり、着物を買うように営業された。帰宅後も、着信拒否に設定するまで毎週のように携帯電話にセールスの連絡が入り、それから好きだった着物自体が嫌いになってしまった。

Tさん：
お試し価格が安かったので、近所で整体を受けてみた。次回の予約をするように勧められたが、その場で拒否。それでも「次はいついらっしゃいますか？」という連絡が再三入り、「押し売りしないでください。こちらから連絡するまで、二度と連絡しないでください」と強い口調で言うまで止まらなかった。

Tさんが言うように、これらはすべて**セールスではなく「押し売り」。セールスにブロックがある人には、セールス＝押し売りという誤解をしている人が少なくありません。**

セールス＝押し売りではありません。

セールスとは、単にサービス・商品を売ることではなく、顧客（買い手）のニーズや要望を満たすために、そのニーズや要望にマッチングするサービス・商品を提示して、顧客に選んでもらうプロセスです。

ヒトという動物は本来、買い物が大好き。何らかのサービス・商品を買うことで衣食住が満ち足りてきたら、ショッピングが余計好きになります。

誰もが良いと思ったもの、欲しいと思ったもの、必要だと思ったものは、買いたいと願っています。半面、良いと思わないもの、欲しくないもの、必要性を感じないものは、買いたいとは思っていません。

両者のギャップが、セールスに対するイメージを決めており、それがマイナスに働くとセールスのブロックを築く一因となってしまうのです。

私自身も学生時代までは、**セールスには「ノルマがきつい」「買ってもらうために、相手にヘコヘコしないといけない」「売りたくないものを、仕事だから売りつけないといけない」というネガティブすぎる思い込みが先行**していました。

ところが、大学卒業後に入社した企業で、私はいきなり営業部に配属。よりにもよってセールスを手がける羽目になります。

私は子どもの頃から根暗気味でコミュニケーションが苦手。おかげで大学4年間を通して彼女ができないくらいでした。

でも、営業部に配属されたからには、「根暗だからできません」とか「セールスは苦手です」などと不平不満を言うわけにもいきません。

そこで私は、百聞は一見に如《し》かずとばかりに、自動車、生命保険など、いろいろな営業畑のトップセールスマンを探し出し、セールスを実際に受けてみることにしました。

そこでトップセールスマンたちと触れ合い、話を聞いているうちに、**彼らがセールスに対して共通して持っているポジティブなイメージの存在に気がつきました。**

それは**「セールスとは、相手の想像以上の未来を一緒につくるきっかけだ」という**ポジティブなイメージです。

お気に入りのマイカーがあれば、行動半径を広げたり、家族旅行やキャンプといった楽しい思い出をつくったりすることができます。

万一に備えられる安心できる生命保険があれば、より前向きなライフプランを思い描くことができるようになります。

そうした**顧客の未来を創造するサポートこそが、セールスの本質**だと気づいたのです。

こうしてネガティブからポジティブへ、セールスのイメージを180度転換できたおかげで、私は会社創業以来の最年少で全国トップの営業成績を収めることができました。

セールスのブロックを外す効果は、これほど絶大なのです。

誤解しないでください。

誰もが、私と同じように「セールスとは、相手の想像以上の未来を一緒につくるきっかけだ」と思い込んだら、それでセールスのブロックが外せるわけではありません。

**大切なのは、セールスの定義が自らにしっくりくるかどうか**です。

体形と体格に合う服しかぴったりこないように、自らの経験や価値観に照らして違和感のないセールスの定義しか、腑《ふ》に落ちないでしょう。「これだ！」と思えるものに出合えるまで、セールスについて深く考えてみてください。

参考までに、セールスのブロックを外すのに役立ちそうな、ポジティブな定義の例を挙げておきましょう。

- セールスとは、お客さまの悩みを解決すること
- セールスとは、お客さまの課題を解決へ導くこと
- セールスとは、お客さまの課題と自分の商品・サービスとのマッチング
- セールスとは、お客さまを幸せにすること
- セールスとは、お客さまの生活の質を高めること

- **セールスとは、三方よし（売り手よし、買い手よし、世間よし）を叶えること**
- **セールスとは、お客さまのプラスの未来とマイナスの未来のギャップを埋めること**

ここで最後に挙げた「**セールスとは、お客さまのプラスの未来とマイナスの未来のギャップを埋めること**」について少し解説しましょう。

たとえば、顧客が増え続ける体重を気にしており、ダイエットをしたいという「現実」があったとします。

そうした顧客に、ダイエットコーチングというスキルエンサー副業をするなら、セールスは次のように前向きに定義できます。

太り続ける「現在」をそのまま手付かずで放置すると、「マイナスの未来」が待っているのは、火を見るよりも明らかです。太って体形が崩れるばかりか、メタボなどの生活習慣病のリスクも年々高くなってしまいます。

仮に、ダイエットコーチングのサポートを受けて、ダイエットに成功したら、「プラスの未来」が待っています。

体形が整い、着たい服が好きに着られるようになり、まわりからも「素敵になった」と褒められるでしょう。アクティブになってスポーツや旅行も全力で楽しめるようになり、メタボなどの生活習慣病のリスクも下げられます。

このように現在と未来の明らかなギャップを意識させられると、ヒトの脳はそのギャップを埋めたくなります。そうした脳のニーズを満たすのがダイエットコーチングであり、セールスの一つの本質ともいえるのです。

## 副業を阻む4つの壁も乗り越えましょう

副業を始める際、メンタルブロック以外にも、**乗り越えるべき心の壁**があります。

それは次の4つの壁です。

❶ 会社の壁
❷ 家族の壁
❸ マネーの壁
❹ 情報発信の壁

それぞれの壁の実態を知り、乗り越え方を知っておきましょう。

## ❶会社の壁

会社員の場合、初めに立ちはだかるのが、「**会社の壁**」です。

会社の壁には、おもに次のようなものがあります。

- **会社が副業を禁止している**
- **親しい同僚に相談したら「副業なんてやめておけ」と忠告された**
- **会社の仕事が忙しすぎるので、副業に割く時間がない**

会社が副業を禁止している場合、隠れてコソコソやるのは妙手《みょうしゅ》ではありません。社会人として最低限のルールはきちんと守りましょう。副業禁止の会社では、お金をとらない趣味・ボランティアから始めてください。そこから得られることはたくさんあり、将来に向けた前向きな投資期間となるでしょう。

同僚から副業に関してネガティブなことを言われる場合もあるでしょう。

あなたを親身に心配してそうした助言をしてくれるのかもしれませんが、その同僚は副業に関してどれだけ詳しいのでしょうか。

会社員には投資＝危険という固定観念が抜けない人がいまだにいるように、副業＝危険という根拠に乏しい情報を発信している人もいます。

同僚の意見をいったん黙って聞くのはいいと思いますが、根拠のない主張に流されてしまうのは間違いです。

仕事が忙しくて、副業に回せる時間がないという心配も無用。実際に副業を始めた会社員は必ず、「それは杞憂《きゆう》だった」と証言しています。すでに触れたように、副業を始めるとタイムマネジメントが上手になるからです。

これはトレーニングと似ています。

「時間がないから、運動なんてできない」という言い訳をよく耳にしますが、**忙しいエグゼクティブほどベストコンディションで仕事に全力投球するためにトレーニングを欠かさないもの。**彼らはタイムマネジメントの達人なので、運動する時間を捻出するのもお手のものなのです。

たとえば、アップルのCEOティム・クックさんは、毎朝3時45分に目覚め、1時間のトレーニングを欠かさないそうです。「時間がなくて運動ができない」という人は、アップルのCEOよりも果たして忙しいのでしょうか。

## ❷ 家族の壁

副業をやりたい方の中には、家庭を持っている人もいるでしょう。

そこで立ちはだかる高いハードルが、**「家族の壁」**です。

副業を成功させるには、配偶者など家族のサポートが欠かせません。**家族がいちばん身近な応援団になってくれたら、副業の成功率は上がります。**

逆に、家族が反対していると、副業を続けるのが難しくなるケースもあるでしょう。

「副業をしている時間があるのなら、もっと家事と子育てを手伝って！」と言われたら、返事に窮《きゅう》します。

家族の応援がなくても副業は何とかうまくいったが、家庭を犠牲にして家事も子育てもほったらかしにした結果、夫婦関係が険悪《けんあく》になってしまい、離婚の危機を迎えた……。そんなシナリオは、絶対に避けたいところです。

36ページの「人生の円」を思い出してください。

人生は、仕事（本業）や副業だけで回っているわけではありません。プライベート（私生活）という要素もあり、家族や夫婦関係はその軸となります。

副業を始めたことが契機となり、仕事も私生活も円滑かつハッピーに回るようにしたいもの。副業で「人生の円」のバランスが崩れてしまうのは、スキルエンサー副業の本意ではないのです。

配偶者など家族とのパートナーシップ次第ですが、基本的に**副業に取り組むことは最初からオープンに話しておくべきでしょう。**

（関係性次第では、「失敗したら恥ずかしいから、ある程度軌道に乗ってから話そう」というスタンスもありです）

いずれにしても大事なのは、**手段から伝えるのではなく、目的から伝えること。**これは**家族の壁を超えるうえで見逃せないコミュニケーションのコツ**です。

副業を応援してもらうには、副業はあくまで手段であり、副業で叶えたい目的があることを理解してもらってください。

**本人的には自己実現が叶えられて自己肯定感も高まり、人生を豊かにするというのが副業の大きな目的ですが、副業というテーマを家族と共有する際には、もっと現実的にお金の話に絡めた方が理解してもらいやすい**でしょう。

たとえば、次のようなものです。

- 副業で得た副収入で、家族との外食や旅行の機会をもっと増やし思い出をつくりたい
- 副業で得た副収入で、子どもの教育費を増やし、将来の海外留学に備えて貯金をしたい
- 副業で得た副収入で、もっと広くて環境のいい場所に引っ越したい
- 副業がうまくいき、独立・起業して会社員時代の数倍の年収を稼げるようになりたい

このように目的とセットで副業を語れば、家族の理解は得やすくなるでしょう。家族のサポートがあって成り立っているのですから、副業で得た収入を本人が独り占めするのはＮＧです。

有言実行を心がけて、配偶者や子どもたちとちょっぴり豪華な外食を楽しんだり、休日に家族旅行に出かけたり、ちょっとしたプレゼントをしたりするなどして、目に見える形で還元しましょう。それは理解と応援を得るために有益だと思っています。

りません。

## ❸ マネーの壁

商品・サービスを売り、その対価を得る。それは会社員の本業でも、副業でも変わりません。

とはいえ、多くの会社員は、BtoBでもBtoCでも、エンドユーザー（一般消費者）と直《じか》にお金のやり取りをしているわけではありません。

コンビニやファストフードやアパレルのように、BtoCでエンドユーザーを対象にしている企業で働いているとしても、それぞれの店頭に立たない限り、エンドユーザーとのお金のやり取りは生じないのです。

ところが、副業ではエンドユーザーと直接お金のやり取りをします。それは、スキルがお金に転換することで自己肯定感が高まるというプラスの作用がある半面、「マネーの壁」になり得ることが考えられるのです。

このマネーの壁というメンタルブロックを乗り越えるには、**初めから課金をしないで、無料のお試しから始めるという手法が有効**です。無料で試した人たちから、「まただぜひ試してみたい」「有料でも利用したい」という肯定的な声が寄せられるようになってから、課金をしていくのです。

そうすれば、マネーの壁は問題なく乗り越えられるでしょう。この点については第6章で改めて解説します。

## ❹情報発信の壁

最後は「**情報発信の壁**」です。

SNSを個人的にしか使ってこなかった人にとっては、ビジネスでどのように情報発信するかは白紙に近い状態であり、情報発信の壁を感じやすいのです。

後ほど詳しく語るように、**副業はすでにつながっている友人・知人を対象としてスタートさせるのがお薦め**です。そこから**友人・知人の友人・知人へ、最終的にはまったく知らない人たちという具合に少しずつ輪を広げていく**のです。

まったく知らない人たちへ広く情報発信を行う必要に迫られるのは、副業の道行《みちゆき》が定まって軌道に乗ってから。

それまでに、類似の副業で成功している先輩たちの情報発信を参考にしてコツを摑んでおけばいいのです。肩肘《かたひじ》張らず、肩の力を抜きましょう。

副業実例
5

## 副業の経験、コミュニティが本業を助け、定年・役職定年も不安ゼロに

Sさん（40代、男性）

本業：外資系プロジェクトマネージャー　副業：プロジェクトマネージャー他
月収：平均25万円、最高107万円

Sさんの本業は、プロジェクトマネージャー（プロマネ）。システム開発などのプロジェクトの責任者であり、プロジェクトの企画と計画立案、人材や予算の確保、スケジュールの管理などを担っています。

彼はプロマネの経験が20年以上にわたる大ベテラン。**プロマネの仕事にやりがいを感じており、好きでもあり、得意**でもありました。

ただし、会社という狭い世界に長く留まっていると、どうしても仕事はルーテ

ィンワーク化しがち。とくに、Sさんが勤めているような外資系企業は、ジョブ型雇用が多くて、高い専門性が求められる半面、幅広い業務を経験しにくいという問題点もあります。

**もっと違うフィールドでも好きで得意なプロマネのスキルを活かしたい**と考えて、Sさんは副業を始めることにしたのです。

Sさんの会社は表向きは副業禁止だったので、所属していたコミュニティで声をかけ、**無料のボランティアとしてプロマネの外部委託業務をスタート**。プロマネ以外にも、新規事業を考えている人たちの話を聞く「壁打ち」相手も務めていました。その過程で**発見したのは、自分には黙って「聞く力」があるということ**。

何かを相談されると、多くの人は「それは、こうすればいい」と自分の意見を押し付けがち。でも、多くの相談者は、話を聞いてもらって、自分で自分の頭の中身を整理したいだけ。Sさんのように、**黙って聞くだけ聞いて、向こうから「どう思いますか?」と尋ねられたときだけ、的確な意見を言うタイプは珍しい**のです。

プロマネ以外の自らの思わぬ〝才能〟に目を開かれたSさんは、**コーチングを専門的に学び、プロマネ×コーチングでさらに多く人びとの業務をサポートするようになります。**

無料のボランティアでも、本業では味わえない充足感が得られる副業ライフに満足していたSさんのもとには、「Sさんのおかげで頓挫《とんざ》しそうだったプロジェクトを前に進めることができた。有料でもいいからぜひ続けてほしい」とか、「ベテランで経験豊富なSさんに、もっと話し相手になってもらいたい」という感謝の声が多く届くようになります。

そうした声に背中を押されるように、Sさんは改めて会社の雇用契約を詳しく調べてみました。そして厳密には「副業禁止」と明記されているわけではないことを発見。

念のために、人事部にも確認したところ、会社の業務に支障が出ない範囲であれば、副業で収入を得ることには何も問題はないという回答が得られたことから、晴れて有料化に踏み切りました。

このように、建前上は副業禁止だったとしても、よくよく調べてみると、副業がOKなケースだってあるかもしれません。**「禁止されているから、副業を有料化できない」と諦めている人も、勤めている会社の雇用契約を詳しくチェックしてみてください。**

Sさんの副業収入は最大で月収100万円を超えるようになりましたが、彼自身は起業家精神が強い方ではなく、いまも本業+副業の二刀流で働いています。

本業以外の分野のプロマネを経験することは、Sさんにとっても新鮮であり、スキルアップにもつながっている実感があったそうです。

**コーチングを学び、「聞く力」と「導く力」も鍛えられたので、本業のプロマネでも、組織の人材を活かしながらパフォーマンスがアップ。**それは基本給のアップにもつながったそうです。ここでも副業が本業に良い影響を与えたのです。

とはいえ、大ベテランでも、たまには本業がうまくいかないときもあります。**「本業しかないと他に逃げ場はありませんが、副業という別のコミュニティを持っていると必要以上に落ち込んだり、ストレスを感じたりしなくて済みます。ミ**

**スをしてもいち早く前を向いて仕事に取り組めるようになりました」**とSさんは語ります。

いまの会社は定年まで勤めるつもりですが、40代のSさんはもうすぐ50歳を迎えると、管理職を退く役職定年となります。

定年になってからセカンドキャリアを考えたり、役職定年を迎えても働くモチベーションを維持するのは、想像以上に難しいもの。

この点に関しても、「**副業を通じて会社以外のコミュニティとネットワークが広がり、自分に何ができるかという棚卸しも済んでいるので、セカンドキャリアに関してもまったく心配していません。**副業で毎日のように感謝されているので、役職定年で働く意欲が低下することもないでしょう」とSさん。

独立・起業を考えないとしても、本業＋副業を順調に続けることができたら、将来に対する不安の解消にもつながるのです。

# 第6章

# 副業収入を得るための8つのステップ

## 陥りやすい「沼」を避けながら、8ステップで副業をスタートしましょう

メンタルを整えてから、スキルエンサー副業でゼロイチ→お小遣いステージ（月収5万円）→副業ステージ（月収10万円）と収益化するまでには、焦らずにロードマップに沿って着実に進むのが王道です。

それを、私は8つのステップに分けています。順番に紹介しましょう。

**それぞれのステップには、陥ると容易に抜け出せない「沼」があります。この沼をどう避けるかが、スキルエンサー副業を成功軌道へ乗せるポイント。**そこで、それぞれのステップでもっとも**気をつけるべき沼**を一つずつピックアップ。**沼を乗り越えるレスキューアイテム**を用意しました。

レスキューアイテムをうまく活用しながら、理想のスキルエンサー副業を始める「副業クエスト」を成功させましょう。

ステップ1

# 自らのダイヤモンドの原石を発掘します

**ステップ1は「自らのダイヤモンドの原石を発掘する」**というもの。

スキルエンサー副業のヒントは、他ならぬ自分のなかにあります。

身体は日々食べたものでできているといいますが、同様にあなたがこれまで学校や職場で学び、体験したことが血肉となり、あなたにしかないスキルをつくり上げています。あなたとまったく同じ人生を歩んでいる人は、誰もいないのです。

**副業は、あなたの顔をしているのです！**

そこで自らの**「スキルの棚卸し」**をやってみましょう。

スキルエンサー副業は、「好き」と「得意」の掛け合わせの延長線上にあります。

**どんな些細《ささい》なものでもいいので、自分が好きなもの、得意なものをノートやスマホに書き出してみるのです。**

「わざわざ書くほどのスキルなんてない」「優秀な人と比べたらスキルと呼べるようなものは何もない」などと思わないこと。

繰り返し触れているように、スキルゼロの人には、どんな小さなスキルだって価値提供の源になり得るのです。

自分では平々凡々にしか思えないとしても、スキルギャップの存在により、他の人から見たら非凡に思えるスキルを持っているもの。それが磨けば光るダイヤモンドの原石。スキルエンサー副業を輝かせる原動力になってくれるでしょう。

スキルの棚卸しには、次の3つの視点があります。

### スキルの棚卸しの3つの視点

❶過去から現在まで、仕事（本業）でやってきたこと

例 ⬇ IT、プレゼン、営業、経理、秘書業務、法務、電話対応etc.

❷過去から現在まで、学んできたこと

例 ⬇ 英会話、マーケティング、ワインテイスティング、武道、そろばん

etc.

❸ 長年好きで取り組んでいる趣味

例 ⬇ 写真、動画撮影・編集、音楽作成、ダーツ、キャンプ料理、カラオケ etc.

**棚卸しして書き出すときの大前提は、副業として役立つかどうかを考えないこと。**

それは度外視して、**どんな小さなことでもいいから、リスト化しましょう。**

もう一つ忘れないでほしいのは、**他人と比べないこと。**「そろばんは1級だから、大したことはない」とか「空手では黒帯が取れなかったから、学んできたとはいえない」などと、勝手に自己評価をしないように。スキルゼロの人と比べたら、1級でも茶帯でもスキルギャップはあるのです。胸を張って棚卸しリストに書き入れましょう。

## 他者目線の棚卸しで「盲点の窓」を掘り起こしてみてください

「灯《とう》台《だい》下《もと》暗し」と言うように、自分のことは案外自分ではわからないもの。

スキルエンサー副業では、**あなたが日常的に普通にできていること、あるいはできて当たり前だと思い込んでいるものが、副業のタネとなります。**

自分的には日常であり、普通であり、当たり前だと思い込んでいると、その価値に自ら気づくのは難しくなります。

主観に頼っていては再発見できないダイヤの原石を掘り出すために頼りにしたいのは、他者の目線です。客観的に見てくれる人の意見を聞いてみるのです。

両親、配偶者、友人、同僚、上司、趣味でつながっている人、ＳＮＳなどでつながっている人……。あなたのことを知っている人に、次のように尋ねてみましょう。

- 私の強みは、何だと思いますか？
- 私の魅力は、一体どんなところですか？
- 私の長所は、どんなところにありますか？

ここで大切なのは、「強み」や「魅力」や「長所」といったポジティブな表現に絞って聞くこと。

「ダメなところは何ですか？」「短所はどこですか？」といったネガティブな聞き方をしないようにしましょう。ネガティブなことを言われると、何事にも意欲的に取り組めなくなるからです（この点については後述します）。

強みも魅力も長所もないと思っていたのに（私自身、そうでした！）、他人から見ると自身では気づけなかったポイントが掘り起こせるもの。

そうした発見は、心理学では、「ジョハリの窓」として知られています。

**ジョハリの窓では、自分でわかっているか・わかっていないか、他人にわかっているか・わかっていないかという視点から、次の４つの窓があると想定**します。

ジョハリの窓でいうと、**自分で棚卸しできるのは、自分でわかっている「開放の窓」と「秘密の窓」のみ。**

自分でわかっていないのに、他人にはわかっている**「盲点の窓」は、他者目線での棚卸しでなければ発掘できない**のです（最後の**「未知の窓」は、これからの伸びしろ、ポテンシャル**と考えてください）。

「開放の窓」と「秘密の窓」は、本業ですでに活かされている可能性もありますが、**他者目線で掘り起こされた「盲点の窓」は、本人は気づいていない〝埋蔵金〟のようなもので**

［ジョハリの窓］

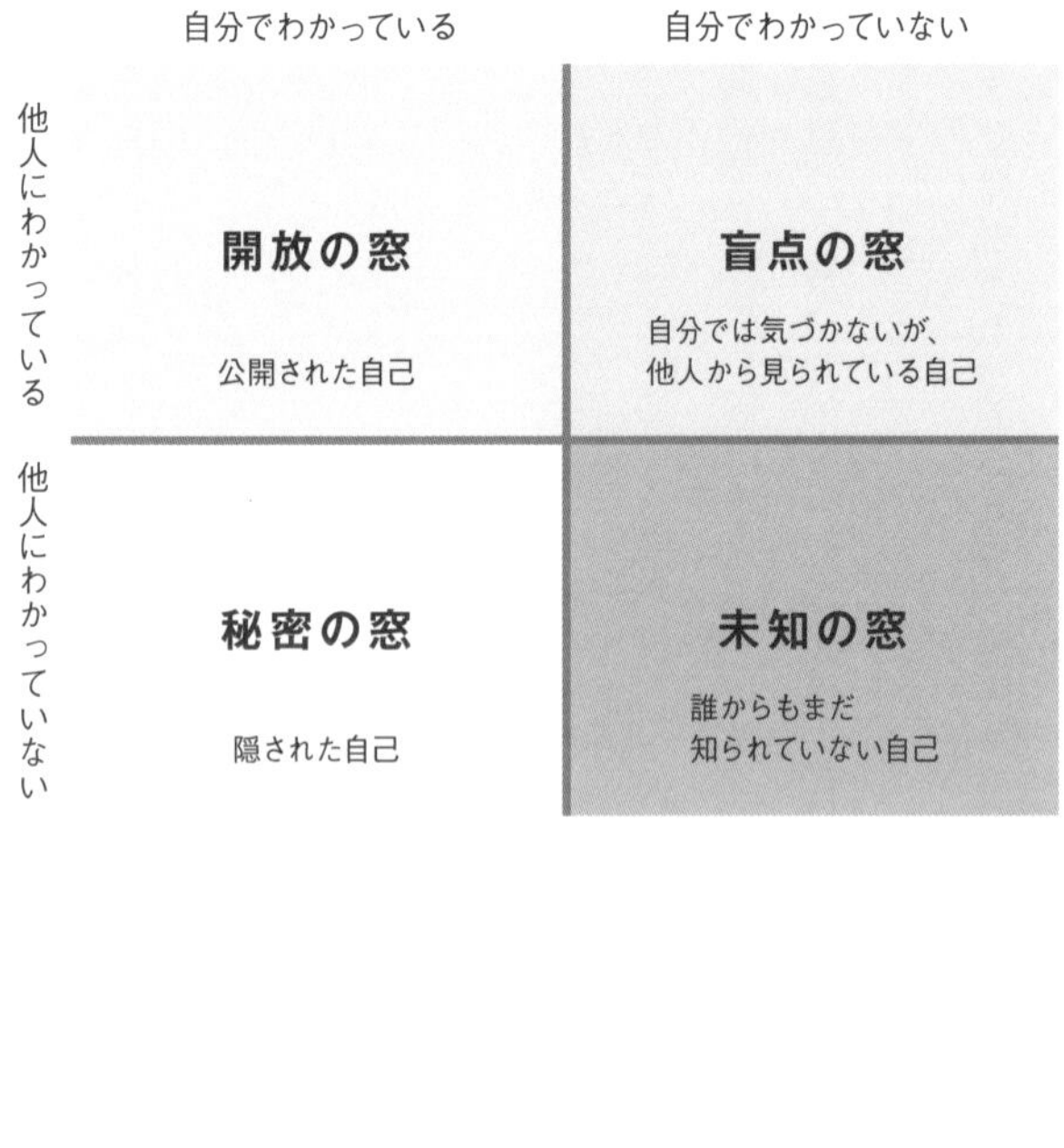

|  | 自分でわかっている | 自分でわかっていない |
|---|---|---|
| 他人にわかっている | **開放の窓**<br>公開された自己 | **盲点の窓**<br>自分では気づかないが、他人から見られている自己 |
| 他人にわかっていない | **秘密の窓**<br>隠された自己 | **未知の窓**<br>誰からもまだ知られていない自己 |

あり、スキルエンサー副業の核となる可能性を秘めているのです。

◆沼 ⬇ 自分でスキルエンサー副業の原石が発見できない。
◆レスキューアイテム ⬇ 親しい人に「強み・魅力・長所」を指摘してもらう！

## ステップ2

# 何を副業にするか、一つに絞ります

スキルの棚卸しをして、好きで得意なものを書き出したら、そこから何をスキルエンサー副業にするかを一つに絞ります。

ここでありがちなミステイクが、一つに絞れず、あれもこれもと欲張って手を広げすぎるという失敗です。下手な鉄砲も数撃ちゃ当たるとばかりに、同時にいろいろやろうとしても、うまくいくわけがないのです。

時間ややる気といったリソース（資源）には限りがあります。それを複数のものに分散させてしまったら、うまくいくものもいかなくなります。

**棚卸しで複数のスキルが再発見できたら、次のような視点で一つに絞りましょう。**

### いちばん好きで得意なもので、やっているうちに気分が上がるものは何か

好きで得意なものが複数あったら、そのなかでもっともやりがいがあり、気分が上がるものを優先させてください。

### すでにビジネスとして成り立ち、収益化が容易なものはどれか

副業は、需要があるかどうかわからないブルーオーシャンではなく、旺盛な需要があってビジネスとして成り立っているレッドオーシャンで行うのが鉄則。たとえば、英語かダーツかという二者択一になったら、需要が多い英語を選ぶべきです。ダーツがいくら好きで得意でも、需要が見通せないので収益化するのは難しいでしょう。

### スキルエンサー副業を始めるイメージが想像しやすいものはどれか

選んだものを副業として始めたところをイメージトレーニングしてみましょう。無理なくイメトレできるものほど、現実に移してもうまくいく可能性が高いでしょう。

**いろいろとやってみたいスキルエンサー副業があるなら、1つ目が成功してから掛**

**け合わせてみましょう。掛け合わせると、レッドオーシャンのなかでも差別化が容易になり、収益化しやすくなります。**

仮に、10人に1人しか持っていないようなスキルがあり、それにもう一つ10人に1人レベルのスキルが掛け合わさると、10×10＝１００人に1人のスキルになり、より高いレベルでの価値提供ができるようになります。

そうなれば、かなりのレッドオーシャンでも埋没せず、自分らしい強みを発揮できる可能性があります。

とはいえ、最初からレッドオーシャンにおける差別化やハイレベルの価値提供を視野に入れる必要はありません。

まずは一つのスキルに集中して副業としての経験を積みましょう。

## 副業が合うか、合わないかを「バイオフィードバック」で確かめてみませんか？

スキルエンサー副業を始めてみて、やはり気になるのは次の2点でしょう。

- **このスキルエンサー副業が、本当に自分にフィットしているのか**
- **ターゲットは合っているのか**

**この2点に違和感を抱いたまま、「やり始めたから、このまま突っ走ろう」などと強行突破を図ろうとするのは間違いです。**

**自分にしっくりこない、あるいはターゲットが違っていると思ったら、振り出しに戻り、ステップ1からリスタートしましょう。**

そのまま続けても、一向に収益化できないでしょうし、ストレスを抱えて副業への意欲がダウンすることも考えられます。

そこで活用してほしいのが、**「バイオフィードバック」**の考え方です。

バイオフィードバックとは、意識的に捉えることが難しい脳や身体の反応を、心拍数や血圧や体温の変化などを手がかりとして捉えながら、心身のコンディションを良い方向へと導いていく手法です。

たとえば、リラックスしているときは、自律神経のうちでも副交感神経が優位となり、心拍数《しんぱく》（脈拍）も血圧も下がります。ですから、緊張を緩めたいと思ったら、心拍数や血圧が下がるような深呼吸や瞑想《めいそう》などを行い、リラックスへ誘《いざな》うのです。

スキルエンサー副業のバイオフィードバックで、良し悪しを判断する際の手がかりになってくれるのは、何よりも副業をやってみたときの感覚です。

棚卸しの結果、コーチングが好きで得意だから、副業としてやってみたとします。**コーチングをする前、自然にワクワクして気分も明るくなっていたら、自分に合っている証拠。**逆に、始める前に暗く憂鬱《ゆううつ》になり、脈拍が上がって緊張してきたら、思ったほど自分にはフィットしていないことも考えられます。

146ページで触れたように、独立・起業に躊躇《ちゅうちょ》していた私は、妻から「副業を終えた日の方が、声から察するに明らかに調子がいい」という指摘に背中を押されました。**声の調子もバイオフィードバックの一つ**です。

また、どんなターゲットに対してスキルエンサー副業をするかというポイントでも、バイオフィードバックは役立ちます。

目の前にするとガチガチに緊張して普段通りに振る舞えないようなタイプは、ターゲットにしない方が無難。話しているだけで気分が落ち着いて、ノリノリになれるタイプをメインターゲットにするべきなのです。

「石の上にも三年」という諺《ことわざ》があるように、日本では同じことを黙って続けることを称賛する不思議な文化があります。

長く続けて初めて良さがわかるものもあるでしょう。ですが、**副業に関してはバイオフィードバックで自分に合わないと思ったら、さっさと違うスキルエンサー副業にチャレンジするべき**。門外不出の伝統工芸の修業をしているわけではないのです。

「自分で決断して始めたのに、最後までやり切れないなんてダメだ」などと自己肯定感を下げる必要はまったくありません。

自分自身の反応を冷静に見極めて、臨機応変に副業の内容を変えた方が、自分にとってもクライアントにとっても有益。

何かにチャレンジして、しっくりこなかったら、しっくりくるまで他の副業にチャレンジし続ける。そんなしなやかさを持ちたいものです。

◆沼 ⬇ **始めたスキルエンサー副業が合っているかどうか自信がない。**

◆レスキューアイテム ⬇ **バイオフィードバックを活用しましょう！**

ステップ3

# うまくいっている成功例・お手本を探して需要を確認します

次にチェックするべきなのは、**自分がやろうとしているスキルエンサー副業が、本当にレッドオーシャンであり、うまくいっている成功例・お手本がどのくらいあるのか。**

とても大事な話なので、あえて繰り返します。

先行する成功例・お手本が見当たらないような副業はブルーオーシャンであり、果敢にチャレンジしても需要に乏しく、あえなく失敗する恐れがあります。

成功事例がたくさんあると、「いまさら自分が参入しても、うまくいくわけがない」と思ってしまいますが、実は真逆。**うまくいっている人が大勢いるからこそ、後発で参入したとしても、うまくいく確率が高い**のです。

マーケティングでレッドオーシャンを避けるべきだと言われるのは、企業が手がけるビッグビジネスの話。競争が激しく飽和状態の市場で、図体の大きな企業が限られたパイを争うのは、賢い戦略ではないのです。

個人の副業はスモールビジネス中のスモールビジネス。1人分の稼ぎが得られたら、胸を張って成功といえる世界です。

そのようなスモールビジネスなら、成功例・お手本があった方が収益化のシナリオは描きやすくなります。小回りの利く個人の副業なら、飽和しているように思える市場でも、個性を発揮して需要を呼び起こせるからです。

成功例・お手本を手早く探すなら、ココナラのようなPRプラットフォームが便利（ココナラは、いろいろなジャンルの「仕事」「相談」が集まる日本最大級のスキルマーケットです）。**そこに多数登録されているような副業なら、レッドオーシャンであり、大きな需要があると期待してもいい**でしょう。

## うまくいっている先輩たちの話を聞いてみましょう

スキルエンサー副業はレッドオーシャンで行いますから、**必ず先行して成功している先輩たちがいます。**

どんなに副業がうまくいっている人でも、最初はおそらく五里霧中《ごりむちゅう》。手探りでゼロからの出発だったに違いありません。

そんな彼らから「悩みをいっぱい抱えながら船出して、いまの成功がある」といった話が聞き出せたら、「初めてでわからないことだらけだが、走り出せばきっとうまくいくに違いない」と前向きになり、自信を持って最初の一歩が踏み出せるでしょう。

友人や知人にすでに副業を始めている人たちがいれば、時間をもらって話を聞いてみましょう。

**彼らのサービスを利用したうえで、「私も副業を始めようと考えています。良かっ**

**た話を聞かせてください」と頼んでみたら、喜んで教えてくれるはず**です。

周囲に副業経験者が見当たらない場合、自分が考えている副業を展開している人をPRプラットフォームなどで探し出し、利用してみましょう。**利用したうえで、価格とサービス内容とのバランスなどを体感**。後述する価格設定などに活かしてください。

イキイキと楽しそうに副業をしているタイプだったら、サービスを利用するついでに、**「この価格でのサービス提供は妥当だと考えていますか？」「本業との両立で苦労している点は何かありますか？」といった気になる点を簡単にヒアリングしてみましょう**（この2点は、私が副業予備軍からよく聞かれる質問でもあります）。

ここでポイントとなるのは、**うまくいっている先輩に聞くこと**（だから、「イキイキと楽しそうに副業をしている人」に聞いてほしいのです）。

たとえ同じような副業をしていたとしても、価格設定や本業との両立などに何か問題があったり、家族のサポートが得られなかったりといったさまざまな要因で、うまくいっていない人もいるでしょう。そうした人にヒアリングしても、「こんな副業、やるもんじゃないよ」といったネガティブなレスポンスが返ってくるのがオチ。それではせっかくのモチベーションが下がるだけです。

◆沼　⬇　副業に成功している自分がイメージできない。

◆レスキューアイテム　⬇　うまくいっている先輩にヒアリングしてみる！

ステップ
4

## 売れる「価格表」をつくってください

次のステップでは、スキルエンサーとして**提供する価値に値段をつけます。**

ステップ5で説明しますが、スキルエンサー副業の第1段階では、友人や知人に無料で体験してもらい、そこで忖度《そんたく》のない意見やアドバイスをもらいながら、中身をブラッシュアップします。

続く第2段階では、友人・知人の友人・知人へとクライアントの輪を広げます。

この段階では、有料化を視野に入れてください。仮に、無料での提供で「人の役に立てるって素晴らしい!」と心が満たされていたとしても、懐《ふところ》も心も満たされるのが副業の理想形ですから、いつまでも無料のままではいけません。

無料から有料へ、**最初の収入を得て副業をスムーズに収益化するには、どのサービスをいくらで買ってもらうかという「価格表」が必要**です。

どんなに良いサービスでも、価格が合わなければ、多くのクライアントを集めることはできないでしょう。

友人や知人に無料でサービスを提供するお試し期間中も、参考価格として価格表はつくっておいてください。

価格を決めないで無料提供しようとすると、「無料なのだから」という意識がどこかで働いてサービスの質が落ちる恐れがあります。それだと体験者が自らの友人や知人を紹介しづらくなりますし、あとでサービスを受けた感想をヒアリングしても正当なレスポンスが得られなくなる恐れだってあります。

「1時間3000円のサービスを無料で提供している」という心持ちになれば、そうした心配はなくなります。さらに「これだけやって3000円というのは割に合わないかな。4000円に値上げした方がいいかもしれない」といった修正も行えます。

無料体験中の人には、価格を伝えてもいいですし、伝えなくてもいいでしょう。「1時間3000円のものを、無料で体験してもらいます」と伝えたら、あとで「これで3000円という価格は妥当ですか？　それとも高い、または安いと感じますか？」と尋ねることができますから、適正価格を定める一助となります。

価格を伝えない場合には、「**これから、このサービスを有料化して副業でやっていこうと考えています。どう思いますか？**」とか、「**いくらくらいなら、また受けてみたいと思いますか？**」などと素直に聞いてみましょう。

さて、価格設定には、次の3タイプがあります。

- **価値連動価格**
- **原価連動価格**
- **相場連動価格**

**価値連動価格は、提供する価値がわかりやすい商品・サービスで用いられます。**コンサルタントや広告代理店のように、獲得した契約の何％を成功報酬としてもらうといった契約を交わすことができます。

**原価連動価格は、原価から売値を決めるもの。**飲食店が典型例です。飲食店では、材料費30％＋人件費20％＋地代（家賃）10％未満に抑えられるように、メニューの価格を決めるのが一般的とされています。

**相場連動価格は、同じようなサービス・商品を提供している相場で価格が決まりま**

す。マンションやアパートなどの賃貸不動産の価格がわかりやすい例です。

**スキルエンサー副業では、このうち相場連動価格を採用します。**価値を金額化しにくいうえに、スキルに原価と呼べるものが見当たらないからです。

相場連動価格で売れる「価格表」は、次の3つのフェーズで徐々につくり上げます。

## 3つのフェーズでつくる、売れる「価格表」

フェーズ1　競合よりも安い価格設定
フェーズ2　競合と同等の価格設定
フェーズ3　競合よりも高い価格設定

### フェーズ1　競合よりも安い価格設定

すでに旺盛な需要があり、ビジネスが成立しているレッドオーシャンで副業を始めるのですから、必ず似たようなサービスを展開している競合が存在します。

その競合の相場価格を、SNSやPRプラットフォームなどで確認してみましょう。**フェーズ❶では、調べた競合よりも安い価格設定**にします。理由は2つあります。

経験値とスキルが高いほど、価格設定は高めにできます。

スキルエンサー副業を始めたばかりだと、実績に乏しくスキルも発展途上なのが現状でしょう。ですから、価値提供に見合った価格は、どうしても先行している競合よりも低く抑えざるを得ないでしょう。これが理由1。

もう一つの理由は、価格を抑えることで、より広く需要を取り込める点にあります。

クライアントの大半は、価格に敏感です。価格を抑えてより多くの実績をより早く積むことができたら、スキルも上がり、いち早くフェーズ❷へと移行できます。

## フェーズ❷ 競合と同等の価格設定

フェーズ❶で実績を重ねてスキルアップが図れたら、**競合と同等の価格設定**にします。これでようやく同じステージに立てるわけです。

**将来の独立・起業を視野に入れておらず、スキルエンサー副業をまさに副業レベルで終わらせるつもりなら、価格設定に関してはフェーズ❷までで OK**です。

次のフェーズ❸では、競合よりも高い価格設定を行います。そのためには、競合との差別化が求められます。

たとえば、文章を書くことが好きで得意なので、ウェブライターを副業として始めたとしましょう。バイリンガルで英語でも記事が書けるとか、本業が医療系なので高い専門性が求められる医療系のライティングに対応できるといった強みがあれば、その差別化ポイントを武器にフェーズ❸へ進めます。

こうした強みがとくになければ、価格設定はフェーズ❷までに留める一方、同じ価格のライバルよりもスキル提供のレベルを引き上げ、より多くのクライアントを獲得することを考えてみてください。

## フェーズ❸ 競合よりも高い価格設定

フェーズ❸では、競合にない独特の差別化ポイントを武器として、**レッドオーシャンで競合よりも高い価格設定を行います。**

それで一層稼げるようになり、副業の収益が本業を凌《しの》ぎ、月収100万円に迫るようになると、独立・起業も視野に入ってくるでしょう。

## 他にない差別化ポイントを持ち、独自性（ユニークさ）を武器にするマーケティングを「ＵＳＰ（ユニーク・セリング・プロポジション）」と呼びます。

しかし、前述した英語力や医療分野の専門知識のようなＵＳＰがなくても、もっと稼いで独立・起業を果たしたいなら、別の方法で競合より高い価格設定を行うことも可能だと私は思っています。

そこで大事になってくるのが、「ＭＳＰ（ミー・セリング・プロポジション）」という新しいマーケティングの考え方。

ＭＳＰとは〝ミー〟、つまり〝自分〟という存在で差別化する方法です。

たとえば、人と人とが直接触れ合う介護やマッサージといったフィールドでは、「何をやるのか」というサービスの内容以上に、「それを誰がやるのか」が問われるケースが少なくありません。

介護やマッサージのスキルが同じレベルだったとしても（場合によっては多少レベルダウンするとしても）、「Ａさんにやってもらうと気持ちいい」とか「Ｂさんに任せられたら安心だからリラックスできる」と思うクライアントも多いのです。

スキルエンサー副業では、肌と肌が直接触れ合うような場面はおそらくありませんが、人と人とをつなぐビジネスである点ではまったく同じ。

同じウェブライターでも、「あの人にインタビューされると、楽しくてつい本音が溢《あふ》れてしまう」とか「会話がいつも盛り上がり、面白い話を引き出してもらえる」といった口コミがじわじわと広がっていけば、「次回もぜひあの人にライティングを頼みたい」という声が出てくるでしょう。これがMSPです。

**MSPを可能にするのは、本人の人柄、これまでの経験、共感力、ビジョンといった数値化できない要素。**

これらは、意図的に高められるファクターではありませんが、副業で人生を広く深く楽しみつつ、他にはない自分の人間的な魅力を高めていけば、MSPによって競合よりも高い価格設定が可能になるのです。

**◆沼 ⬇ 無料から有料にするのが怖い。**

**◆レスキューアイテム ⬇ 価格表を3段階でつくっておきましょう！**

ステップ
5

## 集客を3段階に分けて進めましょう

レッドオーシャンで需要は確実にあるとしても、収益化のためには広く集客してより多くの需要を取り込む必要があります。

集客できなければ収益化できません。困っている人の役に立っているという実感にも乏しくなり、副業を続けていくやりがいにもつながらないでしょう。

だからといって、フォロワーがほとんどいないSNSで集客を図ったとしても、うまくいく保証はどこにもありません。180ページで触れたスキルエンサー副業を始めるうえでのブロックの一つである**「情報発信の壁」**です。

でも、この壁をしゃにむに越えようとするのは、間違い。

集客には次の3つの階層があり、SNSなどを介した集客はいちばん最後に考えればいいことだからです。

### 集客の3つの階層

［1次層］すでにつながっている人たち（友人・知人）
［2次層］つながっている人からつながる人たち（友人・知人の友人・知人）
［3次層］見ず知らずの人たち（SNSなどを介した集客）

より多くの需要を得ようと焦りすぎると、いきなり3次層のマスにアプローチしたくなります。そうではなく、ホップ・ステップ・ジャンプで1次層→2次層→3次層と段階的に集客するのが正しいのです。

［1次層］すでにつながっている人たち（友人・知人）

初めにアプローチすべきなのは、すでにつながっている友人や知人です。
あれこれ考えすぎて頭でっかちになり、初めからターゲットを絞りすぎると、思ったような需要が得られないこともあります。そうしたリスクを冒すくらいなら、気の置けない友人や知人から始めた方がいいのです。

友人や知人の数は決して多くはありませんが、次の2次層の広がりをつくるうえで1次層は大切。つながりを丁寧にケアしましょう。

ここでハードルになりやすいのが、**「セールスへのネガティブな思い込み」**と**「マネーの壁」**。

その点については第5章で触れましたが、さっと復習しましょう。

**「友人や知人に、無理強いしたり、押し売りしたりしたくない」というセールスへのネガティブな思い込みを超えるためには、マインドリセットしてセールスの定義を変えることが有効**です。

「自分が提供としているスキルは、価値のあるサービスだからこそ、親しい友人や知人に真っ先に提供してあげたい」と考えてみてはどうでしょうか。

マネーの壁は、よく知っている人たちから、お金をもらうことへの心理的な抵抗です。

このハードルを超える武器は、**「無料モニター」戦術**。友人や知人に、無料でサービスを提供するのです。そして無料モニターになってもらう代わりに、受けてみた感想やアドバイスをもらい、経験値を高めてスキルアップに活かしましょう。
私が副業としてコーチングを始めた際も、初めのクライアントは5人の友人たち。彼らに無料でコーチングセッションを受けてもらうところからスタートしました。

### 【2次層】つながっている人からつながる人たち（友人・知人の友人・知人）

1次層で「無料モニター」戦術を展開したら、**体験してくれた友人や知人たちに、「このサービスを受けてくれそうな人を誰か知らない？」と声をかけて、彼らの友人や知人を紹介してもらってください。**

あなたが提供したサービスに満足してくれたら、喜んで紹介してくれるでしょう。サービスを受けるクライアント側は、「Aさんの紹介だから間違いないだろう。どんなサービスか楽しみだ」などと期待するでしょうし、サービスを提供する側も、「Aさんが紹介してくれた方だから、失望させないように精一杯サービスを提供しよう」などと一層真摯《しんし》に取り組むことでしょう。

私の場合、最初に体験してくれた5人の友人から口コミで評判が広がり、クライアントがあっという間に15人になり、自分のキャパを超えたので慌てて募集にストップをかけたという経緯があります。

この頃はまだＳＮＳがポピュラーな時代ではなかったので、３次層へのアプローチは行いませんでした。それでも**２次層までのアプローチで月30万円以上の売り上げとなり、独立・起業が見えてきました。**

マネーの壁を踏まえると、１次層までは「無料モニター」でいいとしても、２次層に対するアプローチでは有料化を視野に入れておきましょう。料金設定については、ステップ４で触れた通りです。

## 【３次層】見ず知らずの人たち（ＳＮＳなどを介した集客）

２次層までは、自分から距離が近い人に絞ってアプローチしています。でも、いつまで経っても射程距離が近い層だけにアプローチしていても、需要は限られます。需要を拡充するためには、射程距離を広げてアプローチすることが求められます。これが**ＳＮＳなどを介して集客する３次層**です。

３次層は、まだ直接会ったことがない人たち、見ず知らずの人たちです。ココナラのようなＰＲプラットホームによる集客も、この３次層に相当します。

1次層から2次層への拡大は射程距離が近いので比較的スピーディに行えますが、3次層は射程距離が長い分だけ急速に広げるのは難しいでしょう。

それでも6か月ほどじっくり時間をかけることで、徐々に世間に浸透して売り上げを立てることができるようになります。より広くアピールして早く稼ぎたいと焦りすぎると、いきなりSNSやPRプラットフォームに頼った集客に走りたくなりますが、3次層で収益化するのには時間がかかると覚悟しておきましょう。

**◆沼 ⬇ 自分のサービスを使ってくれる人を探せない。**

**◆レスキューアイテム ⬇ 3段階で需要の輪を広げていく！**

ステップ6

# 無料モニター体験で、無料の商品開発を行います

ここで話を少し戻しましょう。

**一次層の友人・知人に対しては無料モニター体験をお願いしますが、そこで提供するサービスは100%の完成品である必要はありません。**

むしろサービスの完成度を100%に近づけるために欠かせないプロセスの一つが、一次層の無料モニター体験なのです。

これはマーケティング流にいうと、商品開発の一環。

日本人には真面目なタイプが多いので、他人に提供するサービスに齟齬《そご》があってはいけないとばかりに入念な準備をする人が少なくありません。

完成度を高める努力は欠かせませんが、どうやっても初めから完璧なサービスなどあり得ません。その準備に時間と手間を取られてしまい、肝心の副業が一向に始めら

れないという完璧主義から逃れられないのも考えもの。

たとえば、どんなに時間をかけて開発したソフトウェアやゲームにも、必ずバグがあります。ですから、プログラム開発側は、β版（製品化直前のバージョン）として早々に無料または安価でリリースして、想定ユーザーたちに自由に触ってもらい、バグを潰して完成度を高め、それから完全版をリリースするという手法をよく取ります。それに近い感覚で一次層にお試しをお願いするのです。

スキルエンサー副業に関しても、完成度60％未満では試してもらうにはさすがに力不足ですが、**完成度70～80％くらいまできたという手応えが得られたら、一次層向けに無料体験モニターを募集してみましょう。**

この無料体験モニターは5人をめどに行ってください。2～3人ではサンプル数が少なすぎますし、応じてくれる友人・知人が5人以上いる人も少ないでしょう。

**スキルエンサー副業の完成度を上げるために、無料体験モニターを受けてくれた人を対象としてアンケートを実施してください。**

**事前に「無料で体験してもらう代わりに、終わったら簡単なアンケートに答えてくださいね」と話して承諾をもらっておきましょう。**サービスを受ける前に、「終わったら、アンケートがあるんだ」と思っていれば、体験者も「無料で体験できるなんてラッキー」と漫然と体験するのではなく、「気になるところがあったら、ちゃんと言ってあげよう」という心構えになるでしょう。

アンケートで聞いておきたいのは、次のような項目です。

- **サービスを受けた理由**
- **サービスを受ける前に悩んだこと**
- **サービスを受けて良かったこと**
- **こうすればもっと良くなると思った点**

このアンケートを踏まえて、サービス内容をブラッシュアップして完成度を少しずつ高める努力をしていきましょう。

アンケートでは「**このサービスで良かったところは、どこですか？**」と、**良かったところだけを答えてもらいます**。

これは「**ポジティブ・フィードバック**」と**呼ばれる手法**です。

学校教育の影響なのか、減点主義が身についている日本人は、悪いところを改善しようとします。ですから、「悪かったところはどこですか？」といった「ネガティブ・フィードバック」を集めようとします。

すると、当然悪かったところには指摘が入ります。仮に、それが妥当で改善するべき点だったとしても、副業開始早々にダメ出しを散々食らってしまうと、人は誰しも凹んでしまうもの。メンタルが割と強いタイプでも、自信を失って身動きが取れなくなり、副業を始めるモチベーションが萎《しぼ》む恐れがあります。

副業ビギナーですから、相手の期待に沿えなかったところ、至らなかったところもあることでしょう。そうした弱点に関しては、「どこか悪い点がありましたか？」というネガティブな聞き方ではなく、**「こうすればもっと良くなると思った点は、何かありますか？」とポジティブに尋ねてみます。**

ポジティブな聞き方なら、「ここがこう悪かった」ではなく、「ここをこうすれば、もっと良くなると思いました」という回答が返ってきますから、ネガティブな言葉に深く傷つき（無料体験モニターは友人と知人にお願いしていますから、心ない言葉を投げかけられるリスクは低いでしょう）、やる気がダウンする恐れはないのです。

一般的にアンケートでは、フリートークではなく、点数で評価してもらうやり方もあります。「10点満点なら何点ですか？」といった尋ね方をするのです。

でも、このアンケートでは点数方式の評価は取らないようにしましょう。

日本人は、10点満点だと無難な評価として7〜8点あたりを付ける傾向が強いので、あまり参考にならないからです。うな重に松竹梅と3ランクあったら、真ん中の「竹」を選ぶ人が圧倒的に多いのと似た心理です。

◆沼 ⬇ 「ダメなところはどこですか？」と聞き、その回答に傷つく。
◆レスキューアイテム ⬇ ポジティブ・フィードバックで良い点だけ答えてもらう！

## 思い通りにいかなかった後は、イメトレでリセットしましょう

スポーツの世界では、イメージトレーニングが重要だといわれています。

たとえば、大事な試合の前に、自分らしく戦って勝ち、全身で喜びを表現しているシーン、表彰台の真ん中に立ってメダルを首からかけてもらっているシーンなどを何度もアリアリと脳裏に思い浮かべるのです。

入念なイメトレは、「あれだけハードな練習を重ねたのだから、普段の実力を発揮すれば勝てるはずだ」といった平常心を呼び起こし、集中力を高めて結果的にイメージした通りの結果を引き寄せることにつながりやすくなります。

（ただし、ロクに練習も準備もしていないのに、勝利のイメージだけをいくら強く持っても良い結果につながらないのは、言うまでもありません）

ビジネスの世界でも、イメトレは重視されています。

たとえば、飛び込み営業に挑むセールスマンが、仮に3件立て続けに門前払いを食らって商談に結びつかなかったとすると、4件目も同様に失敗する確率が高くなります。

なぜなら、連戦連敗の悪いイメージを引きずってしまい、自信を喪失したダメセールスマンの雰囲気、売れないオーラを漂わせたまま、次のお客さんと対面するから。そんなセールスマンから、商品やサービスを購入したいとは誰も思わないでしょう。

**飛び込み営業をするなら事前に、商談が大成功して、お客さんも自分も笑顔で大喜びしている場面を思い浮かべるイメトレをしておくべき。**

イメトレを重ねたからといって商談が100%成功するわけではありません。

それでも1件目がうまくいかなかったら、そのまま無防備に2件目に突入するのではなく、ひと息入れて再度イメトレを行ってメンタルをリセット。**ダメセールスマンの雰囲気と売れないオーラを払拭して、明るい気分で次の営業先へと向かった方が、おそらく良い結果が期待できるでしょう。**

同じように、無料モニタリングでブラッシュアップを重ねながら、いまの自分にとってベストなサービスを提供する準備が整ったら、**クライアントが喜んでいる姿や、「ありがとう。次回もよろしくお願いします」と声をかけられて自分自身が喜んでいる場面を妄想してワクワク、ニヤニヤしましょう。**

それはイメトレ的な効果を発揮して、普段通りのパフォーマンスにつながり、前もってイメージした通りに自分もクライアントもハッピーなセッションになる可能性が高くなると思います。

副業に慣れないうちは、思い通りにならない場面もあるでしょう。そういうときはイメトレでリセットしてから次のセッションに臨むようにしてください。

## ステップ7

# 価格表をA、B、Cの3コースでオファーしてください

ステップ4では価格表をつくりました。ここではその**価格表を進化させてクライアントが選べるラインアップを増やします**。

レストランは通常、複数のコースメニューを用意しており、そこから顧客が好みと懐具合に応じてチョイスします。

コースが1つしかないと（逆にそれをウリにするところもありますが）、それでいい＝YESか、ダメ＝NOの二択しかありません。

**複数のコースメニューがあると、初めから「何を選ぼうか？」と前向きな心理になり、幅広い顧客層にアピールしやすくなる**のです。

同じように、スキルエンサー副業でも顧客のニーズを踏まえて、複数のメニューを用意して選んでもらいます。初めはA、B、Cの3つのコースがあるといいでしょう。

その際、**Bがいちばん売りたいメニュー**です。

レストランのメニューでも、前菜1品＋メイン1品で8000円、前菜2品＋メイン1品＋デザートで1万円、前菜2品＋メイン2品＋デザートで1万2000円という3コースがあると、**レストランが売りたいと思い、また顧客も選びやすいのは真ん中の1万円コース**です（前述したうな重に松竹梅と3ランクあるのも同じ理由です）。

3パターンのメニューをつくる際には、「量」を変えるか、「質」を変えるかという大きく2つの考え方があります。

## ■量（ボリューム）を変える

中身は同じですが、ボリュームを変えてA、B、Cという3つのコースをつくります。仮に、英会話をスキルエンサー副業にするなら、次のように3つのコースをつくります。

A：月2回

B：週1回

C：月6回

頻度ではなく、期間の長さでコース分けすることも可能です。

**A：1か月（週2回）＊計8回**

**B：3か月（週2回）＊計24回**

**C：6か月（週2回）＊計48回**

## 質（コンテンツ）を変える

こちらは量を変えずに、サービス内容を変えます。

英会話のスキルエンサー副業なら、次のように3つのコースを組み立てます。

**A：英会話のみ**

**B：英会話 ＋ 英作文（ライティング）**

**C：英会話 ＋ 英作文（ライティング）＋ディベート**

あるいは、TikTok運用をスキルエンサー副業にするなら次のようにしてみます。

**A：シナリオ（台本）作成**
**B：シナリオ作成 ＋ 動画撮影**
**C：シナリオ作成 ＋ 動画撮影 ＋ 編集**

**◆沼 ⬇ メニューが1つしかなく、顧客は選べないし、離れやすい。**
**◆レスキューアイテム ⬇ A、B、Cと最低3つのコースを用意してニーズに応える！**

## ステップ8 単価アップ×顧客数アップで、売り上げを増やしてステージアップ

おさらいしましょう。副業には5つのステージがありました。

❶ **ゼロイチ（無料から最初の収入を得るまで）**
❷ **月収5万円（お小遣いステージ）**
❸ **月収10万円（副業ステージ）**
❹ **月収30万円（本業ステージ）**
❺ **月収100万円（独立・起業ステージ）**

お金だけを目的に副業を始めているわけではないとしても、副業をゼロイチ→お小遣いステージ→副業ステージ……とステージアップさせるには、売り上げ（月収）を

アップさせることが求められます。

スキルエンサー副業には経費がほとんどかかりませんから、売り上げをアップする公式は次のようなシンプルな式で表せます。

**売り上げアップ＝単価アップ×顧客数アップ**

このうち顧客数を広げる方法については、ステップ５で詳しく触れた通り。ここでは、単価をどう上げるかを考えてみたいと思います。

単価を上げる要素には、次の３つがあります。

- **自己認知（手応え）**
- **他者認知（アンケート）**
- **経験者数**

**自己認知（手応え）とは、自分がスキルを提供してどんな手応えを感じたか。**顧客が喜ぶ姿を目の当たりにして、自らが提供するスキルの価値が価格に合わない（つまり安すぎる）と感じたら、単価を上げる原動力となります。

**他者認知（アンケート）は、無料モニターと同じく、有料で利用してくれる顧客の声をアンケートなどで拾う**ことで得られます。

このアンケートのポイントは、**「このサービス（スキル）に、いくらの〝価値〟があると感じましたか？」**と尋ねること。**〝価格〟ではなく、〝価値〟を聞く**のです。「このサービス（スキル）は、どのくらいの〝価格〟が適正だと思いますか？」という尋ね方をすると、すでに提供している価格とあまり変わらない返事が返ってくるケースが大半。5000円の値付けをしているサービス（スキル）なら、「5000円という価格が適正です」といった回答が多いのです。

一方、「どのくらいの〝価値〟があると思いますか？」と尋ねると、受けたサービス（スキル）に対して本音で算出してくれるので、基本的には5000円のものには7000円、1万円と高めの答えが返ってきます。初めのうちは、相場より価格を安く設定しているので、高めの答えが返ってくるのが普通なのです。

最後は**経験者数**。これは自明ですね。多くの人に利用してもらい、経験値がどんどん上がってくるにつれてサービス（スキル）は質の高いものへと進化します。ですから、それに見合う価格まで上げられるのです。

通常はここまでで十分ですが、さらなるステップアップを狙うなら、**ターゲット（対象とする顧客層）を変えるという戦術**があります。

ここで改めて私の副業体験を話しましょう。

私がコーチングを副業として始める際、まずは相場よりも少し安い1時間5000円からスタートしました。

それから前述の自己認知（手応え）、他者認知（アンケート）、経験者数を踏まえて、競合の相場に近い1万5000円まで単価を上げることができました。

これ以上単価を上げるにはどうしたらいいのか。

その**ヒントを探るために、自分より高い単価でコーチングを行っている方のセッションを受けてみることにしました。**1時間7万円（！）のコーチングが、お試し価格5000円で受けられるという破格のオファーがあったのです。

そのセッションを受けてみた結果、私が正直に感じたのは、「自分も同じくらいの高い単価にしても問題ないのではないか」ということでした。

だからといって、それまで1時間1万5000円だったセッションを、いきなり7

万円に上げるわけにはいきません。それでは、従来の顧客たちから総スカンを食らうだけでしょう。

そこで考えたのは、**ターゲットを変えるということ。経営者などのエグゼクティブ層を対象にすれば、1時間7万円でも顧客は付いてくると思った**のです。この作戦は目論見通りに当たり、いまではエグゼクティブ層には1時間15万円でコーチングが提供できるようになり、売り上げの大幅アップにつながりました。

ですから、副業を始めて軌道に乗ってきたら、**ターゲットを見直す**ということも視野に入れてみてください。

**◆沼 ⬇ 売り上げが「お小遣い」レベルから「副業」レベルにならない。**

**◆レスキューアイテム ⬇ 自己認知、他者認知、経験者数で売り上げをアップさせる！**

8つのステップで、
副業をスタートしましょう！

**ステップ1** 自らのダイヤモンドの原石を発掘します
➡ 自らの「スキルの棚卸し」をやってみましょう
➡ 他者目線の棚卸しで「盲点の窓」を掘り起こしてみましょう

**ステップ2** 何を副業にするか、1つに絞ります
➡ 3つの視点で、複数のスキルから1つに絞りましょう
➡ 副業が合うか、合わないかを「バイオフィードバック」で確かめましょう

**ステップ3** うまくいっている成功例・お手本を探して需要を確認します
➡ PRプラットフォームで多数登録されているかチェックしましょう
➡ うまくいっている先輩たちの話を聞いてみましょう

**ステップ4** 売れる「価格表」をつくってください
➡ 3つのフェーズで、売れる「価格表」をつくりましょう

**ステップ5** 集客を3段階に分けて進めましょう
➡［1次層］すでにつながっている人たち（友人・知人）、［2次層］ つながっている人からつながる人たち（友人・知人の友人・知人）、［3次層］見ず知らずの人たち（SNSなどを介した集客）の順で需要の輪を広げましょう

**ステップ6** 無料モニター体験で、無料の商品開発を行います
➡ ポジティブ・フィードバックで良い点だけ答えてもらいましょう
➡ 思い通りにいかなかった後は、イメトレでリセットしましょう

**ステップ7** 価格表をA、B、Cの3コースでオファーしてください
➡ A、B、Cと最低3つのコースを用意してニーズに応えましょう

**ステップ8** 単価アップ×顧客数アップで、売り上げを増やしてステージアップ
➡ 自己認知、他者認知、経験者数で売り上げをアップさせましょう

## 8ステップのその先には、月収2・5倍の未来が待っています

あらゆるビジネスと同じように、副業もトライアル&エラーの連続です。スキル（サービス）の中身、方向性、価格設定、そしてターゲット設定も、やってみて初めてわかる発見があり、それを踏まえて改善と修正を繰り返しているうちに持続的な成長へと結びつきます。

だからこそ、まずは始めてみましょう。**早く始めるほど、早く軌道に乗るから**です。

副業はうまくいくときもあれば、うまくいかないときもあります。それでも、みなさんの価値提供は必ず誰かの役に立ち、あなたのやりがいにつながるでしょう。

そう信じて副業をスタートさせてみてください。

8ステップを経て副業を始めて以降、本業と副業の組み合わせには、次の3つのパ

ターンが考えられます。

**副業開始後の3大パターン**

❶本業（会社員）＋副業（変動）
❷本業（会社員）＋副業（固定）
❸副業による独立・起業

そして多くの場合、❶**本業（会社員）＋副業（変動）⬇❷本業（会社員）＋副業（固定）⬇❸副業による独立・起業という流れ**をたどります。

まずは、❶本業（会社員）＋副業（変動）というパターンが大半でしょう。好き×得意×需要という基本原則を満たしたスキルエンサー副業を1つに絞って始めるとしても、思ったようなやりがいに乏しくて、期待した成果が得られないこともあるでしょう。そういうときは、いつまでも固執せずに、次のスキルエンサー副業を探してやってみましょう。これが本業＋副業（変動）というパターン。

次のパターンは、❷本業（会社員）＋副業（固定）。

トライアル＆エラーをしばらく続けるうちに、「これだ！」と思う副業に出合えるようになります。やりがいが感じられて、しかも満足できる成果が上がるものを見つけたら、それを追求してみましょう。これが本業＋副業（固定）というパターンです。

最後のパターンは、❸副業による独立・起業。会社を辞め、会社員から脱皮し、副業一本で独立・起業を果たすというもの。副業の本業化です。

副業を本業にするタイミングでは、多くの人が悩みます。

**収入面では、副業で月収30万円が得られるようになると、本業ステージと呼べますが、それでも独立・起業をためらう人もいます。**

その理由でもっとも多いのは、**何よりも収入面での不安**でしょう。仮に、やりがいがあり、収入的にも満足できる月があったとしても、本業のように毎月安定して稼げる保証がなかったら、会社員を辞めて独立するのを躊躇《ちゅうちょ》したくなるでしょう。

でも、そんな心配は不要。**副業を本業にすると、「月収2・5倍の法則」**が働いて、**副業時代の2・5倍以上稼げるようになるから**です。副業で月収30万円だった人は、本業にすると月収75万円以上になるのです。そうなったら、少なくとも収入面で、独立・起業に二の足を踏む理由はなくなるでしょう。

副業を本業にすると月収が2・5倍以上になる理由は、2つあります。

1つ目は、**物理的な理由**。たとえば、**週末を中心に副業に週2日間かけていた人が、副業を本業にすると週5日間フルで活躍できるようになります**。かける時間が2・5倍になるのですから、月収は単純計算で少なくとも2・5倍になる計算です。

2つ目は**精神的な理由**。**本業と副業に分散していたエネルギーが、副業一本に集中できるようになる**のですから、本業の傍らで行っていた頃よりも、人脈も顧客数もSNSなどを介した広がりも大きくなり、月収は2・5倍以上になるのです。

私自身、本業の傍らでコーチングを手がけていた頃の副業収入は年収826万円前後でしたが、独立・起業した初年度の年収は約3180万円と3・8倍ほどに増えました。

収入面以外で、独立・起業の前に立ちはだかるハードルがもう一つあります。

それは「**親身になってくれるドリームキラー**」**の存在**です。

あなたが副業を始めたり、そこから独立・起業を考えたりする際、きっと親しい人に相談したくなるでしょう。そこで登場するのが、親身になってくれるドリームキラーです。彼らは、彼らなりに価値観に従って親身になり相談に乗ってくれるでしょう。でも、彼らからは、「副業で成功するのは容易ではないよ」とか、「独立・起業はリスクが大きすぎるぞ」といったネガティブなアドバイスが返ってくるケースが大半。

**夢を壊す人＝ドリームキラー**と呼びたくなるゆえんです。

**ドリームキラーの特徴は、自身に副業の体験もなければ、独立・起業を考えたこともないという点**。経験したことのない未知のものに対しては、親身になればなるほど、無難に「やめた方がいい」と言いたくなるのでしょう。悪気がないだけ、始末が悪いのです。こうしたドリームキラーの声に耳を貸す必要はありません。

代わりに、副業や独立・起業の経験者を探し出して、彼らに相談してみてください。親身になってくれる経験者たちは、きっと夢の実現をサポートするようなポジティブなアドバイスをしてくれるでしょう。

そして本書も、あなたがやりたいことを副業で実現するために、親身に寄り添うドリームサポーター的な存在でありたいと願っています。

副業実例
6

## 1日のわずか1%の時間でも副業の突破口は見出せるはず

大村信夫さん（48歳、男性）

本業：大手家電メーカー　副業：片付けコンサルタント／キャリアコンサルタント
月収：非公開

〝世界的大企業〟で会社員生活を長年送ってきた大村さんにとって、**副業は〝自分探し〟の延長線上**にありました。世間から見たら、順風満帆で満ち足りた会社員生活に思えるかもしれませんが、大村さんは**「自分は本当は何をやりたいのか？」を突き詰めてみたくなった**のです。

**自分探しのためにまず行ったのは、会社以外のコミュニティに飛び込むこと。**

会社という同質化・均一化したコミュニティを抜け出して、違った視点で見つめ直してみると、自分でも気づかなかった意外な側面が見えてくるのではないか。そう考えたのです。

ちょうどそのタイミングで、大村さんは「マネジメントの父」として知られる経営学の大家ピーター・ドラッカーの著作と出合い、深く感銘を受けます。そこでドラッカーの勉強会の講師を探し、自らは事務局として企画・運営をしました。

勉強会では、本業で日常的に行なっており、個人的にも好きだった資料整理やプレゼンテーションの準備を率先して行っているうちに、**「いつも資料やプレゼンの準備が完璧すぎる。大村さんはたぶん講師に向いているよ！」**と周りから高い評価を得ます。

こうしてスキルギャップの存在に気づいた大村さんは、**自分の得意を活かした副業として何かの講師をやってみたい**と考えるようになりました。

講師として一体何を教えるべきなのか。悩んでいるときに、もう一つの大事な出会いがありました。

もっと社外に飛び出すべきだと思った大村さんは、その一環として長年参加していなかった高校時代の同窓会に久しぶりに出席します。そこで二十数年ぶりに再会したクラスメイトの一人が、片付けの会社を経営してうまくいっていることを知ります。

大村さんは妻と子ども3人の5人家族。家族全員、片付けのセンスがなく、家中がモノで溢れ返っているようなカオスでした。その状況を何とかしたいと常々思っていた大村さんは、クラスメイトがエッセンスを伝授してくれた簡単な片付け術を実践したところ、家のなかが見違えるほどキレイになったばかりではなく、家族関係も改善しました。風通しが良くなり、会話も笑顔も増えてきたのです。

片付けの効果を実感した大村さんは、**本業の合間にセミナーに通い、「整理収納アドバイザー1級」を取得。**社外のコミュニティから、「講師に向いている」と言われたことを念頭に置いて、**「片付けコンサルタント」を副業にすることを決意**します。副業に資格は必ずしも必須ではありませんが、スキルを磨くためにセミナーに通うのは副業を成功へ導く方法の一つです。

片付け、ダイエット、英会話は、なかなか解決できない永遠の課題。ゆえに片付けコンサルも大勢活動していますが（大村さんが取得した整理収納アドバイザー〈2級・1級〉の取得者は全国で13万人を超えているそうです）、ドラッカーを学んでいた大村さんは先行者と差別化するためにひと捻《ひね》り。大村さんに同窓会で片付けを伝授してくれたクラスメイトもそうですが、片付けコンサルの多くはファミリー層を対象としています。そこで**ビジネスパーソンに向け、仕事力アップのための片付けを提案する**ことにしたのです。

当初は個人相手に無料で片付けコンサルを行い、同じ資格を持つ人の価格表を参考に1件3000円ほどで有料化しましたが、ほどなく大村さんは顧客を企業相手に絞ります。

「個人相手だと、セミナーの会場手配から何から自分でやるしかありませんが、企業なら集客はもちろん会場の手配なども向こうが責任を持ってやってくれます。さらに、セミナー実施実績に企業名を掲載する許可がもらえたら、営業をかけなくても、同業他社が『あそこが片付けセミナーでビジネスを効率化しているなら、うちもやりたい！』と芋づる式に依頼が舞い込むようになり、やればやるほど顧客が広がったのです」と大村さん。

大村さんが成功したもう一つの要因は、**集客を「講演.com」のようなセミナ**

**ーエージェントに任せたこと。**

「いわゆる一流大学を出て、一流企業に勤めている優秀な人ほど、全能感があるので、何でも自分でやろうとします。でも、餅は餅屋で任せるところは任せ、浮いた時間と労力で自分の得意を伸ばす方が副業はうまくいくと思います」と大村さん。さらなる差別化のために、国家資格キャリアコンサルタントも取得し、部屋だけでなくキャリアも整えるコンサルタントとして活動、片付け以外のお仕事も多くいただけるようになりました。

最後に、本書の読者にこんなメッセージを寄せてくれました。

「1日の1％は約15分。私は毎日15分だけピアノを練習して、3か月でストリートピアノが弾けるようになりました。**忙しくて時間がないという人でも、1日15分くらいは見つけられるはず。**その時間を使い、自分の可能性を広げるものにチャレンジしてみてください。そこに副業のタネがあり、人生を豊かにするヒントがあると私は信じています」

おわりに

## 副業には、人生を前向きに変える強力なパワーがある

本書でいちばん伝えたいメッセージは、**副業を介してやりたいことが見つけられたら、人生がどんどん輝き始める**ということ。

**副業には、人生を前向きに変える強力なパワーがある**のです。

そう言い切れるのは、他ならぬ私自身がそうした体験をしているからです。

私は大学卒業後、希望の企業に就職を果たしましたが、その内面は決して明るいものではありませんでした。私は、小さい頃から自己肯定感が低くてコンプレックスの塊。対人恐怖症も抱えていました。いまから振り返ると、ずっと「自己抑圧の時代」

を過ごしていたのです。

それを変える転機となったのは、コーチングとの出会い。改めて説明すると、コーチングとは、何かを一方的に指導するのではなく、**クライアントの自発的な行動を促すコミュニケーション技術**の一つ。本人の感情や思考のあり方を行動へ変えて、目標達成や自己実現を促します。

私は社会人2年目になると、自己抑圧と苦闘しながらも、ボランティアでコワーキングスペースの運営を手伝うようになっていました。そこではメンバーを対象として盛んにイベントを企画していました。そして「好きなことを仕事にしよう」というテーマで、コーチングのプロをゲストに招いた際、その講演を舞台袖で聞いていた私は、雷に打たれたような衝撃を受けました。

**「コーチングを介して本当にやりたいことが見つけられたら、自分も自己抑圧から解放されて大きく変われるはずだ！」**

心の底から、そう確信できたのです。目の前がパッと明るくなり、すべてを前向きに捉えられる感覚がありました。

それと同時に、**コーチングこそ、自分が本当にやりたいことだと直感**しました。

暗かった自分が明るく前向きに変われたように、他の人の自己実現を後押しできるようなコーチングを自らもやってみたい。そう決めた私は早速コーチングのスクールに通い、コーチングのスキルを身につけました。

残念ながら、本業ではコーチングを活かす機会がほとんどなく、経験値も高まらないという現実にしばらく悶々としていました。ところが、ほどなく幸運にも会社が副業を解禁してくれたので、本業と並行しながらコーチングを副業としてスタートさせたのです。

スタート直後、忘れられない一人のクライアントとの出会いがありました。

私のコーチングのセッションを受けたことで、彼は**「人びとの内なる情熱（パッション）を引き出して、前向きに変える仕事をすること」**が自らの使命（ミッション）だと気づきました。

そして「人を変える仕事をするなら、人口の多い国でやった方がいい！」と考えた結果、なんとインドでの起業を決意。わずか半年間で英語と事業計画の立て方をマスターし（人間は何事にも本気になれば、馬力を出して短期間で目標達成できるものです）、有言実行でインドにフードデリバリーの会社を設立。大きな成功を収め、さらなる挑戦を続けています。

彼だけではありません。コーチングでやりたいことを見つけた瞬間、生まれ変わったように積極的な行動を起こし始めるクライアントとの出会いを通して、コーチングを介してそれぞれのうちに秘めたビジョンを引き出し、一人ひとりの可能性を広げ、人生を豊かに変えるお手伝いをすることの素晴らしさを再認識。自分の好き×得意×需要が重なる、コーチングという仕事により真剣に取り組む決意が固まりました。

初めは1対1の形式でコーチングを始めたのですが、幸いにも一人では対応できないくらいクライアントの数が増えてきました。そこで、**より多くの人びとが「夢を見つけて実現できる」ように支援するために、スクール化して1対多でより多くの人にアプローチすることを決意**しました。

スクール化を果たして、多くのクライアントたちと接しているうちに、次の課題が見つかりました。コーチングを通して自分の夢、やりたいことが見つかったのに、その実現の仕方（ビジネス化）がわからないといった方々が想像以上に多い、という現実が明らかになってきたのです。

そこで改めて注目したのが、**副業**です。

私がそうだったように、やりたいことが見つかったとしても、それをいまの本業で実現するには難しいもの。かといって本業に見切りをつけて、即座に独立・起業を果たすのもハードルが高すぎます。その間を埋めてくれるのが、他ならぬ副業。**副業で、やりたいことをやりたいようにやる第一歩を踏み出せば、人生を自分らしく生きられるようになる**のです。

そこでコーチングスクールと並行しながら、副業スクールを開講。コーチングでやりたいことを見つけた人に対して、それを副業にするお手伝いを始めました。

そのうち私自身も、やりたいことを100％やれているという充実感が得られるようになり、**人生のど真ん中を胸を張って生きられる**ようになりました。

その後、独立・起業の先輩である妻の助言もあり、コーチングと副業という2大テーマで独立・起業を果たしたのです。

最後に、もう一度、こう問いかけさせてください。

**「この先ずっと本業だけをやり続けて、人生がうまくいくと思っていますか？」**

会社員一本でいくということは、自分自身の人生を会社の経営陣に委ねることに他なりません。社会や経済情勢の変化、ＡＩの進化などにより、経営陣の決断次第では、長年勤めた会社でも席がなくなるリスクがあるのです。

言うまでもなく、あなたの人生の主人公はあなた自身。**自分の人生を他人に委ねるのではなく、人生の主人公としてやりたいことを実現してください。**

そのためにきっと役立つのが、副業。会社員にとって、**副業へのチャレンジは、人生をあなたらしく輝かせる素晴らしい転機を提供してくれる**のです。

この本をきっかけに、自分らしく人生を歩む人が一人でも増えることを、祈っています。

［著者］
**下釜 創**（しもがま・そう）
ど真ん中副業研究所所長
エグゼクティブコーチ、Growth Rings株式会社代表取締役
1986年、長崎県生まれ。東京農工大学工学部化学システム工学科卒。株式会社LIFULLにてネット広告のコンサルティング、新規事業開発など精力的に仕事にまい進。
その中で、「これこそが自分の人生の中心だ」と胸を張れる副業として、コーチング・スクールの運営を開始。週２日の副業だけで年間売上826万円を達成。その実績から始めた副業・起業スクールでは、ライター、秘書業務、セミナー講師、コーチ、システムコンサルタント等の様々な業種で、やりがいを持ちながら月５万〜100万円を超える収入の副業家を輩出。
2020年Growth Rings株式会社設立。企業研修、セミナー、個別コーチングを含め、現在までにのべ３万人以上の人生にかかわり、変革する活動を続けている。

**やりたいことは「副業」で実現しなさい**

2023年９月26日　第１刷発行
2024年３月18日　第３刷発行

著　者——下釜 創
発行所——ダイヤモンド社
〒150-8409　東京都渋谷区神宮前6-12-17
https://www.diamond.co.jp/
電話／03･5778･7233（編集）　03･5778･7240（販売）

編集協力——井上健二、ブックオリティ
装丁・本文デザイン——轡田昭彦、坪井朋子
校正————聚珍社
製作進行——ダイヤモンド・グラフィック社
印刷————ベクトル印刷
製本————ブックアート
編集担当——土江英明


ISBN 978-4-478-11532-9